Ernst H. Gombrich

Gastspiele

LITERATUR IN DER GESCHICHTE
GESCHICHTE IN DER LITERATUR

In Verbindung mit Claudio Magris herausgegeben von
Klaus Amann und Friedbert Aspetsberger

Band 22

ERNST H. GOMBRICH

GASTSPIELE

Aufsätze eines Kunsthistorikers
zur deutschen Sprache und Germanistik

BÖHLAU VERLAG WIEN · KÖLN · WEIMAR

Gedruckt mit Unterstützung durch das
Bundesministerium für Wissenschaft und Forschung

Die Deutsche Bibliothek – CIP-Einheitsaufnahme
Gombrich, Ernst H.:
Gastspiele: Aufsätze eines Kunsthistorikers zur deutschen Sprache und Germanistik /
Wien ; Köln ; Weimar : Böhlau, 1992
(Literatur in der Geschichte, Geschichte in der Literatur ; Bd. 22)
ISBN 3-205-05439-3
NE: GT

Die ursprünglich auf englisch verfaßten Aufsätze 2–6 erscheinen hier in der vom Autor durchgesehenen deutschen Fassung von Dorothea McEwan.

Umschlagbild: Sir Ernst H. Gombrich
Photo: S.G. Parker Ross The Warburg Institute

ISBN 3-205-05439-3

Druck: Plöchl Ges. m. b. H. & Co. KG., 4240 Freistadt, Werndlstraße 2

Zum Gedächtnis an Ernst Schaumann (1885–1934)
Deutschprofessor am Gymnasium der Theresianischen
Akademie seit 1909

INHALT

VORWORT

Erinnerungen an Ernst Schaumann (1885–1934)

Im ersten Band seiner Selbstbiographie, *Die gerettete Zunge,* kommt Elias Canetti auf seine Jugend in Zürich zu sprechen und stellt dabei Betrachtungen an über den Einfluß, den Schullehrer oft auf heranwachsende junge Leute haben können.

„. . . Da ich sie jetzt an mir vorüberziehen lasse, staune ich über die Verschiedenartigkeit, die Eigenart, den Reichtum meiner Züricher Lehrer. Von vielen habe ich gelernt, wie es ihrer Absicht entsprach, und der Dank, den ich für sie fühle, nach fünfzig Jahren, wird, sonderbar wie es klingen mag, von Jahr zu Jahr größer. Aber auch die, von denen ich nur wenig gelernt habe, stehen als Menschen oder Figuren so deutlich vor mir, daß ich ihnen eben dafür etwas schulde. Sie sind die ersten Vertreter dessen, was ich später als das Eigentliche der Welt, ihre Bevölkerung, in mich aufnahm. Sie sind unverwechselbar, eine der Qualitäten, die im Rang zuallerhöchst steht; daß sie zugleich auch zu Figuren geworden sind, nimmt ihnen von ihrer Persönlichkeit nichts. Das Fließende zwischen Individuen und Typen ist ein eigentliches Anliegen des Dichters."

Ein solcher unverwechselbarer Lehrer war mein Deutschprofessor am Theresianum. Schon äußerlich unterschied er sich von dem typischen Gymnasialprofessor. Beleibt, spitzbärtig und rotgesichtig wirkte er zunächst eher wie eine Falstaffigur, aber nur bevor er zu sprechen begann und sein mitunter sehr derber Humor vor seinen ungeheuren Kenntnissen und seiner Liebe zum Fach zurücktrat.

Zwei Themen, die er uns für Hausarbeiten stellte, mögen eingangs seine unorthodoxen Methoden charakterisieren. Das erste lautete: „Jackie Coogan oder die zunehmende Verdummung der Menschheit." Es spielte auf den übertriebenen Rummel an, als der junge Partner Charlie Chaplins auf einer Europareise wie ein König empfangen wurde. Das andere Thema stammte aus Newtons Optik und lautete: *„Hypotheses non fingo"*, also eine Aufforderung, über die Methoden der Naturwissenschaften nachzudenken.

Schaumanns Unterricht war nicht weniger unorthodox als seine Aufsatzthemen. Der Lehrplan war für ihn vor allem ein Anlaß, seinen eigenen Interessen und Assoziationen freien Lauf zu lassen. Rückblickend bin ich überzeugt, daß er nur ungern Gymnasiallehrer geworden war, weil ihm wohl aus äußeren oder inneren Gründen die Universitätslaufbahn versagt blieb. Mit der ihm eigenen Selbstironie sagte er etwa „Journalisten, Parlamentarier, Professoren und andere gescheiterte Existenzen müssen auch über Dinge reden können, von denen sie nichts verstehen." Natürlich traf das keineswegs auf ihn zu. Die Zahl der Dinge, von denen er wirklich etwas verstand, war erstaunlich. Sie erstreckte sich weit über sein Lehrfach der deutschen Literatur hinaus. Der Zufall will es, daß ich unter meinen Notizheften eines vom Herbst 1926 gefunden habe, in dem ich seine Vorträge über die deutsche Literatur des 18. Jahrhunderts in Schlagworten mitzuschreiben versuchte. Die eigentlichen Themen waren Hamann und Herder, der Sturm und Drang und die Aufklärung, aber er wußte diese Gestalten und Strömungen in den weitesten Zusammenhang der Kulturgeschichte zu stellen, wobei gerade seine Exkurse von unvergleichlicher Brillanz waren. Fern davon, sich auf das deutsche Sprachgebiet zu beschränken, betonte er etwa den entscheidenden Einfluß Englands, die Bedeutung von David Hume für die Philosophie Kants und den neuen Geschmack an der gotischen Architektur. Auch Ausblicke auf spätere Zeiten waren die Regel. Wenn er Rousseau behandelte, kam er auf Tolstoi zu sprechen und anderwärts finde ich in meinen Notizen eine Erwähnung der Milieutheorie von Hippolyte Taine im Zusammenhang mit Herder. Die Ästhetik Winckelmanns, die er mit Recht auf Shaftesburys platonische Schönheitsmetaphysik zurückführte, verlockte ihn zu einem hinreißenden Exkurs über die Geschichte der Ideenlehre von Plato über Plotin und Augustinus zu der frühen, hohen und Spätscholastik mit ihren kontrastierenden Lösungen des Universalienproblems. Aber er blieb nicht bei der Theorie stehen. Er las uns einige Cantos aus Dantes *Divina Commedia* vor und setzte sich mit einem Schüler ans Klavier, um uns die Leitmotive in Wagners Ring zu erklären und beizubringen.

So ist es wahrlich kein Wunder, daß er oft empfand, daß von all dem wenig hängen blieb und daß er seinen Unterricht als Sisyphusarbeit empfand: „Sie sollen hier aus Lehmklumpen zu etwas gemacht werden, das auf Jours menschenähnliches Äußeres hat." Der Ausspruch gemahnt mich daran, wie sehr sich die Zeiten seit meinen Schuljahren geändert haben. Wie viele meiner Leser wissen noch, was ein Jour war? An solchen Tagen sollte man bei bestimmten „Respektspersonen" vorsprechen und sich als gebildeter Gesprächspartner bewähren. Ob die Ideenlehre tatsächlich oft bei Jours zur Sprache kam, sei dahingestellt, aber Schaumann verzweifelte selbst an der Aufgabe, diese geistigen Interessen in der Klasse wachzurufen. Seine Stoßseufzer sind mir im Gedächtnis geblieben: „In dieser Klasse zu unterrichten ist, wie wenn man aus Schmierkäs Funken schlagen soll", oder wieder „wie wenn jemand dem Piccaver (dem damaligen Tenor der Wiener Oper) ein Plumeau vor den Mund bindet und sagt: jetzt sing!"

Nach mehr als sechzig Jahren brauche ich es vielleicht nicht zu verhehlen, daß er mich von diesem Urteil ausschloß. Ich war auf ihn eingespielt und wußte oft, worauf er hinauswollte. Eigentlich ärgerte es ihn sogar, daß sich die anderen Klassenkameraden dabei immer auf mich verließen und so sagte er nach einer Frage, bei der ich wieder einmal aufzeigte: „Sie, Gombrich, gehen derweil in die Ecke und machen Kniebeugen." Jetzt tut es mir leid, daß ich ihm nicht gefolgt habe, vielleicht würden mich meine Knie heute besser tragen. Wie dem auch sei, ich kann mir keinen Lehrer denken, dessen Unterricht mich besser auf meine akademische Laufbahn hätte vorbereiten können. Wenn ich etwa später im Leben bei meiner Tätigkeit am Warburg Institut von der Auffassung der griechischen Mythologie bei den Stoikern oder von der mystischen Deutung der Hl. Schrift bei Dionysius Areopagita hörte, konnte ich mir sagen: „Natürlich, das habe ich ja seinerzeit in der Schule gelernt.“

Schaumann hätte es gewiß verstanden und begrüßt, wenn ein Kunsthistoriker gewissen Problemen über die Grenzen seines Faches hinaus nachgegangen wäre, wie ich es in den folgenden Arbeiten versucht habe, die die Stellung des Bildes im eigentlichen und übertragenen Sinn bei Lessing, Schiller und Goethe zum Gegenstand haben. Daß ich es schließlich sogar gewagt habe, die mir ganz unerwartete Einladung anzunehmen, den ersten Plenarvortrag am Germanistenkongreß in Göttingen zu halten, den ich hier an den Beginn meiner Aufsätze stelle, verdanke ich gewiß der wiederholten Mahnung Schaumanns: „Habt's doch den Mut, euch zu blamieren!“

London, im Januar 1991

Ernst Gombrich
(Maturajahrgang 1928)

1. „Sind eben alles Menschen gewesen“
Zum Kulturrelativismus in den Geisteswissenschaften*

In der vierten Folge von Goethes „Zahmen Xenien“ steht der Vierzeiler, dem ich das Thema einer solchen alten und neuen Kontroverse entnehme, die, wie ich hoffe, sowohl die Germanistik als auch die anderen Geisteswissenschaften angeht:

„Was hat dich nun von uns entfernt?“
Hab’ immer den Plutarch gelesen.
„Was hast du denn dabei gelernt?“
Sind eben alles Menschen gewesen.[1]

Im selben Jahrzehnt als Goethe diese Verse schrieb, also in den zwanziger Jahren des neunzehnten Jahrhunderts, hielt Georg Friedrich Hegel mehrmals seine „Vorlesungen über die Philosophie der Geschichte“. Gleich zu Eingang formulierte Hegel die gegenteilige Anschauung, die ich kurz als Kulturrelativismus charakterisieren möchte:

> Jede Zeit hat so eigenthümliche Umstände, ist ein so individueller Zustand, dass in ihm aus ihm selbst entschieden werden muss, und allein entschieden werden kann . . . Nichts ist in dieser Rücksicht schaaler, als die oft wiederkehrende Berufung auf griechische und römische Beispiele, wie dies in der Revolutionszeit bei den Franzosen so häufig vorgekommen ist. Nichts ist verschiedener, als die Natur dieser Völker und die Natur unserer Zeiten.[2]

Worum es mir hier geht, ist natürlich nicht die Aussage Hegels, daß sich Zeiten und Völker voneinander unterscheiden. Das wissen wir alle, und Goethe, der aufmerksame Leser und Reisende wußte auch, daß etwa „das Karneval“ in Rom einen sehr anderen Charakter hatte, als die Belustigungen beim St.-Rochus-Fest in Bingen, die er beide mit so viel Behagen beschrieb. Was den Kulturhistoriker zum Kulturrelativisten stempelt, ist nur die Schlußfolgerung, die wir Hegel ziehen hörten, die Schlußfolgerung, daß Kulturen oder Lebensformen nicht nur verschieden, sondern schlecht-

---

* In: A. Schöne (Hg.): *Kontroversen, alte und neue*. Akten des VII. Kongresses der internationalen Vereinigung für germanische Sprach- und Literaturwissenschaft 1985. Bd. I. Max Niemeyer Verlag, Tübingen, 1986, S. 17–28.

1 Johann Wolfgang von Goethe, *Sämtliche Werke*. Jubiläumsausgabe in 40 Bänden, Bd. 4, Stuttgart und Berlin, 1902, S. 72. Daselbst auch Kommentar.

2 Georg Wilhelm Friedrich Hegel, *Vorlesungen über die Philosophie der Geschichte*. Werke, Bd. 12, Stuttgart, 1970, S. 17.

hin inkommensurabel sind, das heißt, daß es widersinnig ist, Menschen eines Landes oder Zeitalters mit Menschen anderer Zeiten oder Völker vergleichen zu wollen, weil eben ein gemeinsamer Nenner fehlt, der ein solches Unterfangen ermöglichen sollte.

Friedrich Meinecke, der die Wurzeln dieser Anschauung in seinem grundlegenden Werk über die Entstehung des Historismus untersucht hat,[3] war sich darüber im klaren, daß Goethe dieser Strömung zwiespältig gegenüberstand, obwohl Meinecke weder den Vierzeiler über Plutarch erwähnt noch auch den halb-humoristischen Zweizeiler, der ihm in den „Xenien" folgt:

> Cato wollte wohl andere strafen;
> Selbander mocht' er gerne schlafen.

Wobei aus dem Zusammenhang hervorgeht, daß der alte Herr aus Weimar den Cato nur zu gut zu verstehen meinte, denn gerade das hatte er ja aus dem Plutarch gelernt, daß es eben alle Menschen gewesen sind, Menschen aus Fleisch und Blut, Menschen wie wir es sind. Diese naive Überzeugung ist es natürlich, die der Kulturrelativismus überwunden zu haben glaubt, weil er eben keine Konstanten anerkennen will, die es uns ermöglichen, im Wandel der Erscheinungen immer dieselbe menschliche Natur wiederzuerkennen.[4]

Hegel hätte wohl darauf hingewiesen, daß Cato als Römer einer früheren Stufe der Selbstwerdung des Geistes angehöre als Goethe, Marx, daß die Produktionsverhältnisse der Sklavenwirtschaft einen anderen ideologischen Überbau zur Folge hatten als der Frühkapitalismus von Weimar; der Erzrelativist Oswald Spengler hätte durchaus geleugnet, daß ein Mitglied der faustischen Kultur irgendeinen Zugang zu einem Menschen der Antike haben könnte, und gar ein Rassentheoretiker hätte angemerkt, daß die Geistigkeit der Mittelmeerrassen sich grundlegend von der des nordischen Menschen unterscheidet, selbst wenn Cato nicht, wie zu fürchten ist, auch einen Einschlag minderwertigen, das heißt etruskischen Blutes gehabt haben könnte, was freilich seine sinnlichen Neigungen erklären würde. Ich hoffe, Sie werden es mir verzeihen, wenn ich mich bei diesen Theorien und Pseudotheorien nicht weiter aufhalte. Wer offene Türen einrennt, fällt dabei leicht auf die Nase, und wer gar verrammelte Türen einzurennen versucht, kommt noch mehr zu Schaden. Was mich hier angeht, ist ja bloß die Konsequenz, die sich für die Geisteswissenschaften daraus ergibt, daß der Begriff „Mensch" aus unserem Vokabular verbannt werden soll, ver-

---

3 Friedrich Meinecke, *Die Entstehung des Historismus,* München und Bern, 1936.

4 Zu Folgendem siehe auch Maurice Mandelbaum, *History, Man and Reason,* Baltimore, 1971 und W. Brückner, *Der Mensch als Kulturwesen,* in: Wie erkennt der Mensch die Welt? Symposium der Universität Würzburg, hsg. von M. Lindauer und A. Schöpf, Stuttgart, 1984, S. 177–195.

bannt, weil er eben im Gegensatz zu den definierbaren Begriffen der exakten Wissenschaften nichts Greifbares, klar Umrissenes beschreibt.[5]

Keiner hat mehr mit diesem Problem gerungen als Wilhelm Dilthey, der den Geisteswissenschaften besonders in Deutschland so vielfach die Wege gewiesen hat. Sosehr Dilthey auf die Psychologie als die Lehre vom menschlichen Geistesleben hinwies, so fragwürdig blieb es ihm doch, die Natur des Menschen zur Grundlage seiner Forschung zu machen. „Das Individuum", so schrieb er etwa, „ist nur ein Kreuzpunkt der Kultursysteme, Organisationen, in die sein Dasein verwoben ist; wie könnten sie aus ihm verstanden werden?"[6] Im Gegensatz zum Naturwissenschaftler muß daher der Geisteswissenschaftler auf kausale Erklärungen, auf das Auffinden von Gesetzlichkeiten verzichten. Ihm geht es nicht um die Erklärung, sondern um das Verstehen, um eine erst zu begründende Wissenschaft der Hermeneutik, die es uns, die wir selbst dem ständigen Wechsel unterworfen sind, dennoch ermöglichen soll, die sich wandelnden Wirklichkeiten fremder Lebensformen zu deuten.[7]

Gewiß war es dankenswert, daß Dilthey und seine Zeitgenossen und Nachfolger aus dem Historismus die Konsequenz zogen, die Interessenrichtung der Geisteswissenschaft ginge immer auf das Einzelne, Unwiederholbare. Und doch scheint es mir, daß wir Geisteswissenschaftler es uns nicht verbieten lassen können, auch mitunter von unserer Arbeit am Detail aufzusehen, ja uns umzuwenden, um uns zu fragen, in welchen größeren Zusammenhang unser jeweiliges Problem wohl gestellt werden könnte? Wie viel und wie oft wir das tun, mag Temperamentsache sein, aber wenn wir aufrichtig mit uns sind, werden wir auch erkennen, daß selbst die Wahl unserer Themen eine ausgesprochene oder unausgesprochene wissenschaftliche Theorie voraussetzt. Ich brauche kaum zu betonen, daß diese Frage heute auf vielen Gebieten unserer Tätigkeit äußerst aktuell geworden ist, denn einerseits haben ja die Ideologen immer größeren Einfluß über sie gewonnen, andererseits aber hat gerade der Verzicht auf jede allgemeine Hypothese die Geisteswissenschaften in eine Sackgasse manövriert. Ich denke vor allem an die Forderung, die in den letzten Jahrzehnten laut geworden ist, daß nicht nur das Streben nach Erklärung, sondern auch das Streben nach dem Verstehen zum alten Eisen geworfen werden soll. Denn nun soll ja der Mensch ganz aus unserem Blickwinkel entfernt werden, wir konfrontieren nur mehr den Text, und welchen Sinn wir ihm auch abge-

---

5 Hans Erich Bödeker, *Menschheit*, in: Lexikon geschichtlicher Grundbegriffe, hsg. von Otto Brunner, Werner Conze und Reinhart Koselleck, Bd. 3. Stuttgart, 1982, S. 1063–1128.

6 Wilhelm Dilthey, *Der Aufbau der geschichtlichen Welt in den Geisteswissenschaften*, in: Gesammelte Schriften, hsg. von Bernhard Groethuysen, Bd. 7, Leipzig und Berlin, 1927, S. 251. Siehe auch Gerhard Bauer, *„Geschichtlichkeit", Wege und Irrwege eines Begriffs*, Berlin, 1963.

7 Hans-Georg Gadamer, *Wahrheit und Methode*. Grundzüge einer philosophischen Hermeneutik, Tübingen, ^{2}1965.

winnen, so ist und bleibt es doch unser Sinn, nicht der des entschwundenen Autors.[8] Was Goethe im Text des Plutarch vorfand, und was wir unsererseits in den „Zahmen Xenien" darüber finden, bleibt schließlich unsere Sache. Der Kulturrelativismus hat zum Verzicht auf das wertvollste Erbe aller wissenschaftlichen Tätigkeit geführt, zum Verzicht auf den Anspruch auf Wahrheitssuche. Da die Zeugnisse der Vergangenheit eben nicht als Zeugnisse gelten dürfen, kann unsere Beschäftigung mit ihnen höchstens als ein geistvolles Spiel gewertet werden, das weniger der Erkenntnis dient als der Schaustellung geistiger Akrobatik.

Ich will gar nicht alle die Tendenzen aufzählen, die heute bestrebt sind, an diesem Werk der Dekonstruktion mitzuwirken. Der Schiffskatalog in der Ilias ist nicht ihr unterhaltendster Teil, und eine Übersicht der akademischen Heerführer, die nun daran gehen, die Zitadelle unserer Wissenschaft zu schleifen, wäre auch nicht amüsanter. So will ich Ihnen nur einen der Gefolgsmänner vorstellen, weil mir sein Schlachtruf so sehr zupaß kommt. Ich denke an den Rufer im Streit, Norbert Bolz, dessen Aufsatz, „odds and ends. Vom Menschen zum Mythos", nach pflichtschuldiger Anrufung der Stammesheroen Heidegger, Lacan, Lévi-Strauss, Adorno und Richard Wagner, in dem Satz kulminiert: „den Menschen gibt es nicht."[9] Ob der Verfasser nicht doch vielleicht den *homo sapiens* mit Christian Morgensterns Nasobem verwechselt hat? Scherz beiseite, ich weiß wohl, daß es auch an meinem Alter liegen kann, daß ich den kanonischen Schriften dieser Richtung so wenig abzugewinnen vermag, aber da ich kein Relativist bin, glaube ich trotzdem nicht, daß jede Generation ihre eigenen Wahrheiten hat. Lieber halte ich mich an meinen Altersgenossen, den bedeutenden Literaturtheoretiker Meier Abrams, der sich eingehend mit dieser Schule abgegeben hat und zu der Überzeugung gekommen ist, daß es sich um eine ephemere Modeerscheinung handelt.[10] Sie verdankt ihre Anziehungskraft auf die Jugend wohl der Tatsache, daß sie es ihren Anhängern erlaubt, mitleidig auf die Uneingeweihten hinunterzuschauen, die nicht nur an den Weihnachtsmann und an den Storch glauben, sondern auch an den Menschen oder gar an die Vernunft. Man fühlt sich doch ganz anders, wenn man einsehen gelernt hat, daß das alles Schwindel ist, ein Kinderglaube, dem wir alle entwachsen sind. Und diese Botschaft, so scheint es mir, klingt so plausibel, weil wir ja bei der Lektüre von Texten wirklich ständig den Gefahren des Mißverständnisses ausgesetzt sind. Wer diese scheut, kann

---

8 Harold Bloom, Paul de Man, Jacques Derrida, Geoffrey Hartman, J. Hillis Miller, *Deconstruction and Criticism*, New York, 1979. Zur Bibliographie und Kritik siehe auch M. H. Abrams, *A Glossary of Literary Terms*, New York, etc. [4]1981.

9 Norbert W. Bolz, *odds and ends*. Vom Menschen zum Mythos, in: Mythos und Moderne. Begriff und Bild einer Rekonstruktion, hsg. von Karl Heinz Bohrer, Stuttgart, 1982.

10 M. H. Abrams, *Literary Criticism in America*. Some New Directions, in: Theories of Criticism, hsg. von M. H. Abrams und James Ackerman, Washington, 1984 (Occasional Papers of the Council of Scholars of the Library of Congress 2).

sich bequem in die Skepsis zurückziehen und jede Bemühung um Verständnis als naiv und überholt abtun.

Nun, die Einsicht, daß Irren menschlich ist, ist nicht neu und, wie ich meine, auch durchaus nicht geeignet, uns am Fortschritt der Erkenntnis verzweifeln zu lassen. Die Verzweiflung stellt sich erst dann ein, wenn wir zu hohe Ansprüche stellen. Der Forderung „alles oder nichts", die vielleicht der Jugend gemäß ist, muß der Erwachsene auch in den Geisteswissenschaften die Einsicht entgegenstellen, daß wir lernen müssen, uns zu bescheiden. Sie werden vielleicht aus diesen Worten die Stimme meines Freundes Karl Popper heraushören, und das mit Recht.[11] Er hat mich davon überzeugt, daß wir weder in der Naturwissenschaft noch in den Geisteswissenschaften totale Lösungen anstreben dürfen, aber daß wir dennoch das Recht haben, weiter zu fragen und weiter zu forschen, weil wir aus unseren Irrtümern lernen können. Ich glaube, das gilt auch für unser Streben um das Verständnis anderer Menschen, anderer Kulturen und anderer Zeiten. Gewiß ist es ein Trugschluß zu glauben, daß, weil eben alles Menschen gewesen sind, sie auch so dachten und fühlten, wie wir es tun. Die Völkerkunde hat uns ja längst bestätigt, daß manche Einrichtungen und Anschauungen entfernter Stämme schwerer verständlich sind als andere. Hier ist der Einfluß des Kulturrelativismus gewiß zu begrüßen, wo er uns davon zurückhält, unsere eigenen kulturellen Maßstäbe an fremde Lebensformen anzulegen. Und doch muß da vor Übertreibungen gewarnt werden, denn die Negierung aller Maßstäbe führt sich selbst *ad absurdum*. Ich denke an das vieldiskutierte Argument, daß wir kein Recht haben, den weitverbreiteten magischen Praktiken einen Einfluß auf die Wirklichkeit abzusprechen, denn unser Begriff der Wirklichkeit sei ja in unserer Sprache und Kultur verwurzelt und außerhalb dieses engen Bereichs gar nicht anwendbar.[12] Man fragt sich, ob diese Argumente mehr sind als modische Spielereien. In jedem Fall gibt es in der Ethnologie gewisse Korrektive, denen wir es verdanken, daß der Relativismus nicht zur schrankenlosen Herrschaft gekommen ist. Schließlich haben die Reisenden ihre fremden Mitmenschen lachen und weinen, spielen und streiten gesehen, und wer das Glück hatte, die Aufnahmen zu sehen, die Professor EiblEibesfeldt vom Leben und Treiben ganz isolierter Stämme mitgebracht und in seinem soeben erschienenen Buch über die Biologie des menschlichen Verhaltens reichlich illustriert hat, kann nicht

---

11 Karl R. Popper, *Ausgangspunkte*. Meine intellektuelle Entwicklung, Hamburg, 1979, enthält eine ausgewählte Bibliographie der Schriften des Autors. Siehe auch dens., *Auf der Suche nach einer besseren Welt*. Aufsätze aus dreißig Jahren, München, 1984. Zum Problemkreis dieses Vortrages siehe dens., *Das Elend des Historizismus*, Tübingen, 1965.

12 P. Winch, *Understanding a Primitive Society*, in: American Philosophical Quarterly 1 (1964). Auch abgedruckt in: *Rationality*, hsg. von B. R. Wilson, Oxford, 1970. Dort auch andere Beiträge zu dieser Debatte. Siehe auch Martin Hollis and Steven Lukes, *Rationality and Relativism*, Oxford, 1982.

mehr daran zweifeln, daß es hier eben universale menschliche Reaktionen gibt.[13]

Dem Historiker fehlt es vielfach an diesen Korrektiven. Er ist im wesentlichen auf die Zeugnisse der Vergangenheit angewiesen, die uns Überlieferung und Zufall bewahrt haben, auf die Denkmäler des Rechts, der Literatur, der Kunst und des Kults. Kein Wunder, daß die Begegnung mit diesen Zeugnissen einer entschwundenen Lebensform noch mehr dazu beigetragen hat, die Wandlungsfähigkeit des Menschen in den Brennpunkt der Betrachtungen zu stellen. *Natura abhorret vacuum,* die Natur scheut die Leere, und dasselbe gilt für den menschlichen Geist. Wo die Zeugnisse fehlen, setzt die Phantasie ein, um die Lücken zu füllen, und so schaffen wir uns das Bild der Menschen vergangener Zeiten nach dem Eindruck, den ihre Kunst auf uns macht. Wenn man vom griechischen Menschen spricht oder vom gotischen Menschen, so taucht vor uns eine typische Gestalt auf, die wir der Kunst jener Epochen entnehmen.

Überragende Vertreter der Geistesgeschichte, wie etwa Jan Huizinga und Ernst Robert Curtius, haben vor dieser Quelle von Fehlurteilen gewarnt, die ich einmal den physiognomischen Trugschluß genannt habe.[14] Ich muß in der Tat zugeben, daß mein eigenes Gebiet, die Kunstgeschichte, dort für viele Mißverständnisse verantwortlich war, wo sie den Anspruch erhob, daß der Stil jeder Epoche jeweils als ein Symptom oder, wie man gerne sagte, als der Ausdruck des Zeitgeistes und des Volksgeistes gedeutet werden kann und muß. So erklärte der Vorkämpfer des Expressionismus in der Kunstgeschichte, Wilhelm Worringer, vor 75 Jahren in seinem Buch über den Geist der Gotik ganz folgerichtig: „Der Mensch schlechthin kann für die Kunstgeschichte ebensowenig wie die Kunst schlechthin existieren. Das sind vielmehr ideologische Vorurteile, die die Psychologie der Menschheit zur Sterilität verdammen." Und so zog er aus der Ornamentik und dem Faltenwurf mittelalterlicher Kunstdenkmäler den überraschenden Schluß: „Der nordische Mensch kennt nichts Ruhiges, seine ganze Gestaltungskraft konzentriert sich auf die Vorstellung ungehemmter maßloser Bewegtheit."[15] Er hat sich offenbar nicht gefragt, ob das Bild einer Bevölkerung von lauter Zappelphilippen sich auch anderswo bestätigen läßt, ja ob seine Diagnose nicht durch die Kunst der van Eycks, des Vermeer oder Caspar David Friedrichs widerlegt wird, die ja schließlich doch wohl auch nordische Menschen waren. Was man den hermeneutischen Zirkel genannt hat, die Suche nach Erhärtung der ursprünglichen Intuition, wird dort, wo nur vermeintliche Bestätigungen gelten dürfen, zu einem ganz gewöhnlichen Zirkelschluß. So wird etwa die Raumdarstellung einer Stilform durch

---

13 Irenäus Eibl-Eibesfeldt, *Die Biologie des menschlichen Verhaltens.* Grundriß der Humanethologie, München und Zürich, 1984.

14 E. H. Gombrich, *Künstler und Kunstgelehrte,* in: ders., *Meditationen über ein Steckenpferd,* Stuttgart, 1978. S. 192–193.

15 Wilhelm Worringer, *Der Geist der Gotik,* München, 1910, S. 10 und S. 50.

die Sehweise der Zeit erklärt, die wiederum die Darstellungsmittel erklären soll – wobei man sich nicht fragt, ob etwa die Völker, die keine Perspektive in unserem Sinne kannten, sich nicht, wie ein Psychologe einmal witzig fragte, hinter einer Säule verstecken konnten,[16] oder ob die Chinesen, die in ihrer Malerei ohne den Kontrast von Licht und Schatten auskommen, wirklich auch außerstande sind, an einem heißen Sommertag unter einem Baum Zuflucht zu suchen.

Ich glaube, daß der Denkfehler, der die Kunstgeschichte zum Relativismus trieb, auch auf anderen Gebieten der Geisteswissenschaften vorkommt; ich meine den Fehlschluß *ex silentio,* die Vorstellung, daß im Leben und Denken der Vergangenheit nur das einen Platz fand, was uns auch aus den künstlerischen Manifestationen bekannt ist. Notorischermaßen hat einmal ein Altphilologe die These aufgestellt, die alten Griechen müßten farbenblind gewesen sein, da sie nur so wenig Farbbezeichnungen hatten. Folgerichtig sollte man freilich daraus schließen, daß auch wir farbenblind sein müssen, denn auch unsere Sprachen haben unendlich viel weniger Farbbezeichnungen als es Schattierungen gibt, die wir wahrnehmen können. Die Schlußfolgerung verkennt natürlich das Wesen der Sprache, die selektiv sein muß, um ihrer Mitteilungsfunktion gerecht zu werden. Daß diese verschiedene Selektivität der Sprachformen den Übersetzer vor ungeheuer schwierige Probleme stellt, ist selbstverständlich. Und doch muß ich auch hier Popper recht geben, der in diesem Zusammenhang betont hat, man dürfe eine Schwierigkeit nicht mit einer Unmöglichkeit verwechseln. So mühsam es auch oft ist, den Sinn eines Satzes durch Umschreibung und Glossierung in einer anderen Sprache wiederzugeben, so kann er uns letztlich doch zugänglich werden, auch wenn er dabei an Schönheit und Eleganz verliert.[17]

Daß uns auch sprachliche Kunstwerke anderer Epochen und Kulturen vor ähnliche Schwierigkeiten stellen, bedarf in diesem Kreise kaum einer Erwähnung. Die Begriffe, die menschlichen Beziehungen, die Institutionen, von denen sie handeln, bedürfen immer wieder einer umständlichen Erklärung. Aber die Mühe, die wir bei dieser Aufgabe haben, soll uns nicht dazu verleiten, die Welt, die uns aus der Dichtung und Prosa fremder Kulturen entgegentritt, mit der damals gelebten Wirklichkeit gleichzusetzen. Gilt doch, was für die Sprache gilt, in noch höherem Maße für die Mittel dieser Kunstformen. Die Prägungen, die *topoi* der literarischen Darstellung spiegeln eben nicht die unendliche Vielfalt des Erlebbaren wider, sondern die weitgehend autonomen Überlieferungen literarischen Schaffens. Ein Buch wie Auerbachs „Mimesis“ hat uns gezeigt, wie sehr

---

16 Es war M. H. Pirenne, der Autor von: *Optics, Painting and Photography,* Cambridge, 1970. Siehe dazu E. H. Gombrich, *Kunst und Illusion.* Zur Psychologie der bildlichen Darstellung, Stuttgart und Zürich, 1978, Kapitel 8.

17 Karl Popper, *The Myth of the Framework,* in: the Abdication of Philosophy and the Public Good. Essays in Honour of P. A. Schilpp, hsg. von Eugene Freeman, La Salle/Illinois, 1976.

neue Kunstmittel auch für neue Erlebnisse sozusagen empfänglich werden, aber auch dort, wo sie literarisch nicht faßbar sind, haben wir kein Recht anzunehmen, sie wären dem Alltagsleben unbekannt gewesen.[18] Zugegeben, wissen können wir das nicht. Auch der Text des Plutarch ist schließlich der Überlieferung und den Kunstmitteln der antiken Biographik verpflichtet und bleibt uns auf manche Fragen die Antwort schuldig, die etwa einen heutigen Psychoanalytiker interessieren würden. Goethes Ausspruch, „Sind eben alles Menschen gewesen", formuliert nicht so sehr eine Erkenntnis als eine Hypothese. Wir können sie eine Arbeitshypothese oder vielleicht auch ein heuristisches Prinzip nennen,[19] denn ich glaube, es lohnt sich immer, zunächst anzunehmen, daß wir es auch in fremden Ländern und fernen Zeiten mit Menschen zu tun haben, die sich gar nicht so wesentlich von uns unterscheiden, auch wenn diese Annahme mitunter der Prüfung nicht standhält.

Vielleicht darf ich hier eine kleine Anekdote einschalten, die meine Überzeugung leichter veranschaulichen kann als lange methodische Überlegungen. Ich denke an eine Diskussion über die Geistesgeschichte der Renaissance, in der ich mich zu der Bemerkung hinreißen ließ, man solle doch den Renaissancemenschen nicht wie eine eigene Menschengattung behandeln, und so obenhin bemerkte, ich sei überzeugt, daß auch diese Menschen gern am Morgen im Bett geblieben sind. Es war eine riskante Behauptung, aber ich hatte unverdientes Glück, denn wie ich meinem Diskussionspartner später vorhalten konnte, beschreibt Leonardo da Vinci symbolische Darstellungen, die man in der Toskana an den Betten anbringt, und die die säumigen Schläfer davor warnen sollen, dort nicht zuviel Zeit zu vergeuden, „besonders am Morgen, wenn man ausgeruht und nüchtern zu neuen Anstrengungen bereit sein soll."[20]

Worauf ich hier hinauswill, ist die einfache Einsicht, daß, wenn man vom Menschen spricht, man auch den alten Adam in Mitrechenschaft stellen muß, jenen alten Adam, der auf der Befriedigung seiner Triebe besteht, die eben allen Menschen gemeinsam sind. Gewiß, die Art, wie die verschiedenen Kulturen mit der ungebändigten Natur fertig zu werden trachten, ist unzähligen Wandlungen unterworfen,[21] aber wie immer die Lösungen aussehen mögen, so ist doch keine menschliche Lebensform denkbar, in der die Spannung zwischen dem Drang zur Befriedigung und dem Gegendruck der Kulturanforderungen nicht irgendwo zum Ausdruck kommt. Gerade die Literatur hat diese Spannung immer wieder in ihre Schöpfungen hineinverwoben; denken Sie an die kontrastierenden Gestal-

---

18 Erich Auerbach, *Mimesis.* Dargestellte Wirklichkeit in der abendländischen Literatur, Bern und München, ^{5}1970.

19 Siehe E. D. Hirsch, *The Aims of Interpretation,* Chicago, 1976, besonders S. 32.

20 J. P. Richter, hsg., *The Literary Works of Leonardo da Vinci,* Oxford, New York und Toronto, ^{2}1939, Bd. 1, S. 385.

21 Heinz Hartmann, Ernst Kris und Rudolph M. Loewenstein, *Some Psychoanalytic Comments on „Culture and Personality",* in: Psychological Issues 4 (1964), 2.

ten von Don Quijote und Sancho Pansa, der eine, dem die Kulturideale den Kopf verdreht haben, der andere, der eben noch Bauer genug geblieben ist, um zu wissen, wohin es ihn treibt, genauso wie etwa Tamino und Papageno. Auch das altindische Drama kennt diese Gegenüberstellung zwischen dem edlen Helden, der Sanskrit spricht, und einer lustigen Figur, Vidushaka, der trotz seiner Kaste als Brahmane das volkstümliche Prakrit spricht und darauf aus ist, möglichst viel seinem Magen zu frönen.

Wer von den Schwierigkeiten spricht, fremde Kulturen und ihre Werte zu verstehen, sollte eben nicht übersehen, daß es auch da wesentliche Unterschiede gibt. Im Kreatürlichen sind wir uns alle näher als in der Sphäre höchster Verfeinerung. Nicht umsonst sagt Mephistopheles zu Faust: „Die schlechteste Gesellschaft läßt dich fühlen, daß du ein Mensch mit Menschen bist“ – und da es ja der Teufel ist, der spricht, dürfen wir ergänzen, gerade die schlechteste Gesellschaft. Und wirklich heißt es dann ja auch in Auerbachs Keller: „Gib nur acht, die Bestialität wird sich gar herrlich offenbaren“; unter dem Allzumenschlichen liegt die Schicht des Animalischen: „Uns ist ganz kannibalisch wohl, als wie fünfhundert Säuen.“

Vergessen wir dabei nicht, daß die Gelegenheit zu dieser Form der Regression auch kulturspezifisch ist; manchen Kulturen ist der Alkoholgenuß verboten, und dort gibt es keine offenen Trinkgelage. Freilich für Goethe und seine Zeitgenossen gibt es edlere Wege zur Befreiung aus dem beengenden Zwang der Kultur:

> Zufrieden jauchzt hier groß und klein,
> Hier bin ich Mensch, hier darf ich's sein.

„Hier“ ist natürlich in der freien Natur, außerhalb der Stadt, und dieses Befreiungsgefühl ist wieder kulturspezifisch; vielleicht hat erst Rousseau den Weg dazu gebahnt, wenn auch die Tradition der Idylle uns daran erinnert, daß die naturnahe Existenz des Schäfers den Städtern schon lange ein Wunschbild darstellte, das Wunschbild einer Daseinsform fern von dem Zwang und den Sorgen der Zivilisation. Wir anderen, wenn wir Schiller glauben dürfen, können diese Last nur in begnadeten Augenblikken von uns werfen; ich denke natürlich an das „Lied an die Freude“:

> Deine Zauber binden wieder,
> Was die Mode streng geteilt,
> Alle Menschen werden Brüder,
> Wo dein sanfter Flügel weilt.

Die „Mode“, das ist die Konvention, mit anderen Worten, was die Griechen *thesis* nannten, im Gegensatz zu *physis*, zur Natur. Vom Zwang der Konventionen befreit, so meinte Schiller hier, sind eben alle Menschen gleich. Vielleicht hat man dem Jahrhundert der Aufklärung mit Recht vorgeworfen, diesen Gegensatz zu einfach gesehen zu haben. Wir verdanken dieser erhabenen Vereinfachung freilich den Begriff der Menschenrechte und der Humanität. Und doch erklärt diese Vereinfachung auch wieder die Reaktion des Historismus, die keineswegs erst mit Hegel begann.

Heute, nach zweihundert Jahren, sollte es klar sein, daß die Polarität von Konvention und Natur gewiß nicht genügt, der Vielfalt der Erscheinungen gerecht zu werden. Unser biologisches Erbgut besteht eben weniger aus Eigenschaften und Fähigkeiten als aus Dispositionen, die im Gemeinschaftsleben entwickelt werden können oder auch verkümmern. Weder beim Tier noch beim Menschen sind alle diese Entwicklungen reversibel. Manche Prägungen werden in der Tat zur zweiten Natur und schaffen einen bestimmten Menschentypus mit seiner eigenen Mentalität und seinen eigenen Möglichkeiten und Schranken.

Der Geisteswissenschaftler, der sich für diese komplexen Vorgänge interessiert, muß sich wohl an die Psychologie wenden, denn so viele Schulen und Aufgabenkreise es in dieser Wissenschaft auch geben mag, so stehen sie doch alle unter der Devise von Alexander Pope: „The proper study of mankind is man." Freilich, gerade weil die Psychologie eine Wissenschaft sein will, darf sie auch kein Dogma anerkennen, nicht einmal das von der Einheit der Menschheit. Und doch halte ich mich zu jenen Zeitgenossen, die gegenüber allem Relativismus von der Hypothese ausgehen, daß die Psyche des Menschen eben doch Konstanten aufweist, mit denen der Geisteswissenschaftler rechnen kann.[22] Natürlich dürfen wir nicht gleich zu viel erwarten. Es mag zunächst trivial klingen, wenn wir sagen, daß die Disposition sich im Takt zu wiegen den Menschen angeboren ist, aber ohne diese Disposition gäbe es weder die verschiedenen Formen des Tanzes noch jene Verfeinerungen des Rhythmus, die in der abendländischen und indischen Musik so erstaunliche Blüten getrieben und auch in der Dichtkunst aller Länder zu immer neuen Wundern geführt hat.[23]

Ich bin davon überzeugt, daß auch die bildenden Künste in ähnlichem Sinne auf biologischer Grundlage ruhen. So wie die Neigung zum Rhythmus, die sich hier in der Ornamentik aller Völker auswirkt, so ist uns auch die Freude an Licht und Glanz gemeinsam. Der Mensch ist eben ein phototropisches Wesen, wären wir photophobisch wie die Termiten, so wären wir lichtscheu geblieben. So haben die Macht wie das Heilige immer wieder das prunkvoll Strahlende, das Glänzende und Funkelnde in ihren Dienst gestellt. Freilich wäre es ganz irreführend, die menschliche Kunstübung an sich aus solchen lustbetonten Reaktionen erklären zu wollen. Erst das Widerspiel zwischen Erfüllung und Versagung, zwischen dem Aufschub der Befriedigung und der übertroffenen Erwartung schafft das, was wir Kunst nennen, und dazu bedarf es vor allem einer ausgebildeten Tradition und der allgemeinen Schätzung der Meisterschaft in der Hand-

---

22 Justin Stagl, *Kulturanthropologie und Gesellschaft,* München, 1974, S. 120.
23 E. H. Gombrich, *Ornament und Kunst.* Schmucktrieb und Ordnungssinn in der Psychologie des dekorativen Schaffens, Stuttgart, 1982.

habung solcher psychologischer Wirkungsweisen. Aber so verschiedenartig auch diese Strukturen und Stufenfolgen sein mögen, so dürfen wir doch nicht übersehen, daß es sich immer um Spannungsfelder handelt, die von der ursprünglichen Polarität allgemein menschlicher Reaktionen her gespeist werden. In jeder Gemeinschaft hat jede Farbe, jeder Ton und natürlich auch jedes Wort einen Gefühlston, der seinen Stellenwert in diesem System bestimmt. Natürlich erschließt sich dieses System dem Außenseiter nicht ohne einfühlende Bemühung, und doch spricht viel dafür, daß es genügend Gemeinsames gibt, um diese Bemühungen zu rechtfertigen. Zeigt es sich doch, daß ganz allgemein jede sogenannte Sinnesmodalität ihre Resonanz in einem anderen Sinnesbereich findet und so die Verständigung erleichtert. Auf dieser Konvergenz und Vertauschbarkeit äquivalenter Gefühlstöne beruht ja die sprachliche Metapher.[24] Wir sprechen im Deutschen von einer „hellen Freude", die Engländer sagen *„a bright hope"*, und Eibl-Eibesfeldt berichtet, daß der Ausdruck der Freude bei den Eipos auf Neuguinea lautet: „Die Sonne scheint auf meine Brust." Wenn die Termiten eine Sprache hätten, müßten sie folgerichtig von einer „dunklen Freude", einer „düsteren Hoffnung" und einem „finsteren Entzücken" sprechen, denn sie scheuen ja das Licht. Auch die Menschen, die in den Tropen leben, ziehen die Kühle der Wärme vor, und Inder hätten vielleicht lieber einen kühlen als einen „warmen Empfang". Und doch vergleicht ihre Gita das Göttliche mit dem Licht von tausend Sonnen.

Es liegt mir fern, nun die Germanisten auf die Jagd nach psychologischer Literatur über die Metapher senden zu wollen, einer Literatur, die vielleicht erst geschrieben werden muß.[25] Denn wie ich zu meiner Bewunderung gelernt habe, sind diese Einsichten schon längst in dem Grundbuch germanistischer Forschung niedergelegt, auf das ich Sie verweisen kann; ich meine das „Deutsche Wörterbuch", begründet von Jacob und Wilhelm Grimm. Es war ein glücklicher Zufall, der mich veranlaßte, in diesem Buch nach Beispielen für synästhetische Metaphern zu fahnden, die meine These der allgemeinen Gültigkeit gewisser psychologischer Reaktionen erhärten sollten. Ich hatte nicht erwartet, wie viele Schätze auch für den Ausdruckspsychologen dort verborgen liegen.

Ich muß Ihnen empfehlen, selbst etwa das Wort „süß" bei Grimm

---

24 Zu diesem Problemkreis siehe auch meine Aufsätze : „Wertmetaphern in der bildenden Kunst"; „Ausdruck und Aussage" und „Das Arsenal der Karikaturisten", in: *Meditationen über ein Steckenpferd,* Stuttgart 1978 sowie „Sigmund Freud und die Theorie der Künste", in: Die Sigmund Freud Vorlesungen 1970–1988, herausgeg. von H. Lenpold-Löwenthal und I. Scholz-Strasser, Wien u. Köln, 1990, S. 119–133, und Kunst und Illusion. Stuttgart, 1978, Kapitel 11.

25 I. E. Marks, *The Unity of the Senses.* Interrelations among the Modalities, London, 1978. C. E. Osgood, *The Cross-Cultural Generality of Visual-Verbal Synaesthetic Tendencies,* in: Behavioral Science 5 (1960).

nachzulesen. Freilich müssen Sie sich dafür einen Tag frei machen, denn die Eintragung mit allen Derivaten hat nicht weniger als 78 Spalten. Aber schon gleich am Anfang enthüllt sich dort eine wichtige Einsicht: Es scheint, daß das Wort „süß" nicht ursprünglich einen Geschmack bezeichnet und erst allmählich auf andere Sinnesgebiete übertragen wurde, also auf „süße Klänge", ein „süßes Lächeln" oder eine „süße Ruhe"; im Gegenteil, das Wort scheint ursprünglich synonym mit „angenehm", „wohltuend", „weich" und „mild" zu sein, das heißt, es deutet auf jenen positiven Pol der Empfindungswelt, von dem ich gesprochen habe, und weil es dahin deutet, bezeichnet es auch jenen Geschmack, der biologisch angenehm und wohltuend wirkt. Festgelegt in dieser Bedeutung wird das Wort aber vor allem im Gegensatz zu anderen Geschmacksempfindungen, also zu „bitter" oder „sauer", die ihrerseits auf weitere Gefühlstöne und -welten hinweisen. Aber auch über die psychologisch und ästhetisch so wichtige Erscheinung des Überdrusses klärt uns Grimms Wörterbuch auf; hier ist es zuerst die Ableitung „süßlich", die einen pejorativen Sinn annimmt, und zwar, wie es scheint, vor allem seit dem achtzehnten Jahrhundert, wo „süßlich" anfängt, Abscheu auszudrücken. Es nimmt dabei die Bedeutung von „kitschig" vorweg, die ihrerseits den Stellenwert des Wortes „süß" stark beeinflußt hat. Wir sprechen es im ästhetischen Urteil nur mehr ungern aus. Leben wir doch in einer Epoche, in der die Kitschangst sozusagen endemisch geworden ist, und die es daher besonders begrüßt, wenn uns eine Kunstschöpfung gegen den Strich geht.

Es wäre schön, wenn allmählich hinter der vergleichenden Literaturwissenschaft eine vergleichende Ausdruckskunde entwickelt werden könnte, wobei das Studium der Metapher vielleicht eine Brücke böte in das weite und faszinierende Gebiet der Synästhesie, für das die Psychologie zuständig ist. Aber das ist Zukunftsmusik. Lieber als mich da weiter zu verlieren, soll mir ein Beispiel helfen zusammenzufassen, worum es mir eigentlich ging und geht. Die ersten zwei Strophen eines Gedichts von Simon Dach aus dem Jahre 1638 werden Ihnen in diesem Zusammenhang vielleicht nicht unwillkommen sein, da sie nun entschieden auf Ihr Gebiet einlenken. Sein Titel lautet: „Der Bräutigam an seine herzgeliebte Braut, als ihn dieselbe zum ersten Mal in seiner Behausung ersuchte."

Seid mir tausendmal willkommen,
Ihr mein Trost und Sonnenschein!
Ach, was Segen, Heil und Frommen
Kömmt mit euch, mein Licht, herein!
Welch ein Glanz bricht durch mein Haus
Jetzt mit güldnen Strahlen aus!

Alles beut euch dar die Hände,
Nichts bei mir ist so erstarrt,
Das nicht lächle; ja die Wände
Merken eure Gegenwart,

Eure, die ihr sie in Gold
Bald hernach verkehren sollt
[. . .][26]

Nun, der geschulte Germanist wird uns gewiß zunächst erklären können, wie sich dieses Gedicht zur Tradition des Epithalamiums verhält und welche Stelle es im Werk Simon Dachs einnimmt. Er kann uns auch zeigen, daß der Dichter diese Worte einem wohlhabenden Zeitgenossen in den Mund gelegt hat, in dessen Auftrag er sie verfaßte. Wir können also jenen Recht geben, die darauf bestehen, daß es auf den Text ankommt und nicht auf die vermeintliche Empfindung des Autors, zu der wir ja wirklich keinen Zugang haben. Das bedeutet freilich nicht, daß der Text sozusagen vogelfrei ist und daß wir es den Dekonstrukteuren zubilligen müssen, daß etwa die Zeile, „Welch ein Glanz bricht durch mein Haus" sich auf eine Feuersbrunst beziehen ließe, die dann wieder einem fanatischen Freudianer als Symptom einer unbewußten Angst gelten könnte, daß die Braut die altgewohnte Häuslichkeit zerstören würde – wobei ein eingefleischter Marxist auch noch Anzeichen dafür fände, daß sie sogar das Haus verkaufen möchte – heißt es doch, daß sie die Wände „bald hernach in Gold verkehren sollt".

Nun, ernstlich gesprochen brauchen wir uns nicht irre machen zu lassen in unserem Empfinden, daß wir diese schönen Verse so verstehen und genießen können, wie sie gemeint sind, unbeschadet der Tatsache, daß sich die bürgerliche Kultur der sogenannten Barockzeit in so vielem von der heutigen Lebensform unterschied. Denn wozu hätten wir die Phantasie, wenn wir diese Kluft nicht überbrücken könnten?[27] Lassen wir dem Kulturrelativisten die Freude, uns daran zu erinnern, daß die Situation, aus der das Gedicht entstand, dort noch viel schwerer verständlich wäre, wo Brautraub oder Brautkauf Sitte sind und wo man nicht einmal in Häusern wohnt. Denn wären diese Schranken wirklich im Prinzip unüberwindlich, so wäre ja Goethes Traum von einer Weltliteratur ein ausgeträumter Traum. Konnte er diesen schönen Begriff doch nur prägen, weil er aus seiner Lektüre von Homer und Shakespeare, von Hafis, Kalidasa und schließlich Plutarch gelernt hatte:

Sind eben alles Menschen gewesen.

26 Simon Dach, *Gedichte,* hsg. von Walther Ziesemer, Halle/Saale, 1936, Nr. 49 (mit Kommentar). Die Schreibweise ist modernisiert.

27 Zur legitimen Rolle der Phantasie in den Geisteswissenschaften siehe auch meine Ansprache an die American Academy of Arts and Sciences: Focus on the Arts and Humanities, in: *Tributes.* Oxford, 1984.

2. Gotthold Ephraim Lessing: Die Persönlichkeit in seinem Werk*

Gotthold Ephraim Lessing als großen Denker zu feiern, heißt zunächst, auf der Unterscheidung zwischen großen Denkern und Genies zu bestehen. Denn Lessing ließ verlauten: „Wer mich ein Genie nennt, dem gebe ich ein Paar Ohrfeigen, daß er denken soll, es sind vier.“[1] So mußte ich zunächst den Zorn seiner Manen beschwichtigen, indem ich ihm selbst das Wort gebe. Ich denke an die berühmte Selbstcharakterisierung, die in der letzten Lieferung der *Hamburgischen Dramaturgie* am 19. April 1768 erschien, als er als neununddreißigjähriger Mann auf eine neuerliche Enttäuschung in seinem rastlosen Leben zurückblickte:

> Ich fühle die lebendige Quelle nicht in mir, die durch eigene Kraft sich empor arbeitet, durch eigene Kraft in so reichen, so frischen, so reinen Strahlen aufschießt: ich muß alles durch Druckwerk und Röhren aus mir herauf pressen. Ich würde so arm, so kalt, so kurzsichtig seyn, wenn ich nicht einigermaaßen gelernt hätte, fremde Schätze bescheiden zu borgen, an fremdem Feuer mich zu wärmen, und durch die Gläser der Kunst mein Auge zu stärken. Ich bin daher immer beschämt oder verdrüßlich geworden, wenn ich zum Nachtheil der Critik etwas las oder hörte. Sie soll das Genie ersticken: und ich schmeichelte mir, etwas von ihr zu erhalten, was dem Genie sehr nahe kömmt.[2]

Natürlich muß dieses Bekenntnis im Zusammenhang gesehen werden. Während der drei Jahre, die er mit dem Deutschen Nationaltheater in Verbindung stand, hatte Lessing kein einziges neues Stück geschrieben, was vom Autor der *Miss Sarah Sampson* und der *Minna von Barnhelm* wohl zweifellos erwartet worden war.[3] Stattdessen hatte er eine kritische Wochenschrift herausgegeben, in der er die Öffentlichkeit über die wahre Bedeutung der aristotelischen Poetik zu belehren unternahm. Seine intimen Freunde hatten immer schon gesagt, daß man von Lessing bloß etwas zu

---

* Ursprünglich: Vortrag der Serie „Lecture on a Master Mind“, Henriette Hertz Trust der British Academy, 1957. Veröffentlicht in den Proceedings der British Academy, Bd. XLIII, London, Oxford Univ. Press, 1957, S. 133–156.

1 F. Nicolai, *Anhang zu Schillers Musenalmanach für das Jahr 1797;* vgl. B. Rosenthal, *Der Geniebegriff des Aufklärungszeitalters* (Germanische Studien, Heft 138), Berlin, 1933, 97, 181.

2 Gotthold Ephraim Lessing, *Sämtliche Schriften*,, hsg. v. Karl Lachmann. Dritte, auf's neue durchgesehene und vermehrte Auflage, besorgt durch Franz Muncker, Leipzig–Stuttgart, 1886–1924 (in der Folge L. M. zitiert), Bd. X, 209–10.

3 J. G. Robertson, *Lessing's Dramatic Theory,* Cambridge, 1939, 116 ff.

erwarten brauchte, um etwas anderes zu erhalten, das ihm wichtiger war.[4] Angesichts der Mittelmäßigkeit des Theaterrepertoires war ihm eben damals nichts wichtiger als das Publikum an die Höhe der Leistung zu erinnern, die von den antiken Autoren erreicht und von Shakespeare beispielhaft veranschaulicht wurde – dem einzigen Menschen, dem Lessing den Titel Genie zugestand.[5]

In der Literaturgeschichte wird Lessing oft als der neue Moses gefeiert, der sein Volk aus der französischen Sklaverei in das gelobte und von ferne sichtbare Land der Deutschen Klassik führte, der Gesetzesgeber, der mit seinem Stab gegen den harten Fels schlug und siehe, es floß in Hülle und Fülle. Aber Lessing selbst glaubte nicht an Wunder. Er wußte, daß Wasser gepumpt werden mußte und zwar von irgendwoher, um die deutsche literarische Wüste zum Blühen zu bringen. Wie bekannt, stritt er sich mit allen, die Frankreich als die lebensbringende Quelle ansahen. Bereits im Jahr 1759 hatte er mit dem Siebzehnten *Literaturbrief* für Shakespeare gegen Corneille Partei ergriffen.[6] Zwar blickte man überall in Europa nach England, dem Land der Aufklärung, der Freiheit und der Empfindsamkeit,[7] aber in Deutschland, das damals fast ein literarisches Vakuum darstellte, war die Wirkung von Lessings Machtworten unabschätzbar. Und tatsächlich: wenn die Bedeutung eines großen Denkers je nach seiner Wirkung allein eingeschätzt werden könnte, könnte ich die Lessings aus eigener Erfahrung belegen. Denn in deutschsprachigen Landen gehört zwar Shakespeare, nicht aber das klassische französische Drama zur Allgemeinbildung. Die meisten von uns hörten in der Schule, daß die französischen Tragödien kalt und gekünstelt und nur für Fachleute von Interesse wären.

Wie hätte es Lessing gefreut, solchen Vorurteilen den Kampf anzusagen! Denn wenn es einen Schlüssel zu seinem Charakter gibt, so ist es sein unausrottbarer Widerspruchsgeist. Sein ganzes Leben lang dachte er wie der Held im *Freigeist,* einem seiner ersten Schauspiele: „Wenn meine Meynungen zu gemein würden, so würde ich der erste seyn, der sie verließe, und die gegenseitige annähme. . . . Es ist mir unmöglich zu glauben, daß die Wahrheit gemein seyn könne; eben so unmöglich, als zu glauben, daß in der ganzen Welt auf einmal Tag seyn könne.“[8]

Kritik am französischen Geschmack bedeutete in Deutschland zu Lessings Zeiten natürlich auch Kritik an der vorherrschenden Meinung, hinter der die ganze Macht und Autorität Friedrichs des Großen stand. Es ist eine der Ironien der Geschichte, daß Lessing durch diesen Kampf zum

---

4 Nicolai an Ramler, 1765, vgl. Waldemar Oehlke, *Lessing und seine Zeit,* München, 1919, Bd. I, 246.
5 F. Horn, zitiert bei F. v. Biedermann, *Lessings Gespräche.* Berlin, 1924, 268.
6 L. M. VIII, 41.
7 A. Aronson, *Lessing et les classiques françaises,* Montpellier, 1935, 94–146
8 Der Freygeist, 4. Aufzug, 3. Auftritt, L. M., Bd. II, 98.

Abgott der Nationalisten wurde, obgleich er deren Ansichten oft und ausdrücklich verwarf:[9] „Ich würde mich schämen, wenn mir das nur eingekommen wäre", sagte er, „wenn mir die Idee auch nur gekommen wäre", daß kein Franzose eine ergreifende Tragödie schreiben könnte.[10] Keine Nation hatte einen geistigen Vorrang vor einer anderen. Wenn die Franzosen die Tragödie noch nicht vervollkommnet hatten, so dann deshalb, weil sie von der Perfektion des bisher Erreichten überzeugt waren. Denn darin liegt nach Lessing der Wert der Kritik. Er mahnte alle, die Verträglichkeit und gegenseitige Achtung verlangten, mit den Worten: „Der Stein hat den Geist der Prüfung genähret, hat Vorurtheil und Ansehen in einer beständigen Erschütterung erhalten; kurz, hat die geschminkte Unwahrheit verhindert, sich an der Stelle der Wahrheit festzusetzen."[11]

Er selbst war stets bereit, sich dieser Disziplin zu unterwerfen – zumindest in der Theorie. „Nur Schade, daß ich nicht nachdenken kann, ohne mit der Feder in der Hand!", denn: „Befriedigen mich meine Gedanken am Ende: so zerreiße ich das Papier. Befriedigen Sie mich nicht: so lasse ich es drucken."[12] Sowohl im Ton wie in der Absicht sind Lessings Schriften immer eine Herausforderung. Teil eines dramatischen Dialogs mit einem wirklichen oder erfundenen Gegner. Er schreibt nie mit olympischer Gelassenheit. Er will Streitgespräche provozieren. Im Freundeskreis, so hören wir, wandte sich Lessing gern gegen irgendeine Meinung, behauptete das Gegenteil und suchte erst nachher nach Gründen.[13] Wenn er nicht argumentierte, spielte er Karten oder Schach.[14] Seine Schachleidenschaft brachte ihn mit Moses Mendelssohn in Verbindung, was zur fruchtbarsten Freundschaft seiner Jugendjahre wurde. Mendelssohn war Lessing als Schachpartner empfohlen worden und wurde sein Partner im philosophischen Dialog. In der Art seines Argumentierens bewies Lessing eine überlegene Sprachkunst, die sich mit der Meisterschaft eines Schachspielers vergleichen läßt. Sogar er hätte mir diesen Vergleich vielleicht verziehen.

Denn Lessing, der ja kein Genie sein wollte, hatte Freude an dieser Meisterschaft: Dieser Genuß der Macht, die er der Sprache verdankte, ist in jeder Zeile unverkennbar. Es mag durchaus sein, daß er Ideen von anderen übernahm. Die Spielerleidenschaft hatte er von allem Anfang. Es gibt wohl kein größeres Geheimnis im Leben als diese Eigenart der Persönlichkeit, die der Stimme des Schriftstellers ihren unverkennbaren Tonfall aufprägt. Bei Lessing ist dieser Ton bereits in seinem ersten erhaltenen Brief hörbar, den er als Vierzehnjähriger zu Weihnachten 1743

---

9 Lessing an Gleim, 16. Dez. 1758, 14. Feb. 1759, L. M., Bd. XVII. 155–9: *Ernst und Falk*, Bd. II, L. M., Bd. XIII, 356. Vgl. auch F. Mehring, *Die Lessinglegende*, Berlin, 1906.
10 Hamburgische Dramaturgie, 81, L. M. Bd. X, 127–8.
11 *Wie die Alten den Tod gebildet*, L. M., Bd. XI, 3.
12 *Ueber eine zeitige Aufgabe*, L. M., Bd. XVI, 293–4.
13 C. N. Naumann, zitiert bei Oehlke, ebenda, Bd. I, 236.
14 Oehlke, ebenda, Bd. I, 238; F. Horn bei Biedermann, ebenda, 273.

schrieb. Natürlich ist es eine Kampfansage, er kritisiert seine ältere Schwester dafür, daß sie nicht geschrieben hat:

Geliebte Schwester! Ich habe zwar an Dich geschrieben, allein Du hast nicht geantwortet. Ich muß also denken, entweder Du kannst nicht schreiben, oder Du willst nicht schreiben. Und fast wollte ich das erste behaupten. Jedoch ich will auch das andere glauben; Du willst nicht schreiben. Beydes ist straffbahr.[15]

Man sieht förmlich den stolzen und ein wenig patzigen Vorzugsschüler, der mit seinem Läufer zieht und seinen armen Gegner in die Zwickmühle nimmt. Es blieb ein beliebter stilistischer Trick: „Was sagen Sie zu Klopstocks geistlichen Liedern? Wenn Sie schlecht davon urtheilen, so werde ich an ihrem Christenthume zweifeln; und urtheilen Sie gut davon, an ihrem Geschmacke. Was wollen Sie lieber?“[16]

Manchesmal ist es nur ein Bauer, ein schlichtes Wort, das der Gegner achtlos ausgesprochen hat; es wird zum Zentrum des Angriffs und führt Lessing zum Sieg, wie zu Beginn des Siebzehnten *Literaturbriefes,* den ich früher erwähnte: „‚Niemand', sagen die Verfasser der Bibliothek, ‚wird leugnen, daß die deutsche Schaubühne einen grossen Theil ihrer ersten Verbesserung dem Herrn Professor Gottsched zu danke habe.' Ich bin dieser Niemand; ich leugne es geradezu.“[17]

Oder der Eröffnungszug gegen Klotz in den *Briefen antiquarischen Inhalts:*

Herr Klotz soll mich eines unverzeihlichen Fehlers, in seinem Buche von den alten geschnittenen Steinen überwiesen haben. Das hat ein Recensent dieses Buches für nöthig gehalten, mit anzumerken. Mich eines Fehlers? das kann sehr leicht seyn. Aber eines unverzeihlichen? das sollte mir Leid thun. Zwar nicht sowohl meintwegen, der ich ihn begangen hätte: als derentwegen, die ihn mir nicht verzeihen wollten.[18]

In ähnlicher Weise stürzt er sich in den Dialogen der Theaterstücke auf Worte, um Gedanken und Handlung voranzutreiben. So z. B. mit den ersten Worten im *Nathan:*

Er ist es! Nathan! – Gott sei ewig Dank,
Daß Ihr doch endlich einmal wiederkommt!
– Ja, Daja, Gott sei Dank! Doch warum endlich?
Hab' ich denn eher wiederkommen wollen?
Und wiederkommen können? . . .

Der Lessinggegner Pastor Goeze machte dessen „Kontroversenmethoden“ zum besonderen Ziel seiner Angriffe;[19] er beklagte seine *Theaterlogik,* die Verwendung von Worten und Bildern, wo nur rationale Argumente zählen sollten. Lessing gab zu, daß sein Stil gern bei Metaphern verweilte und daß

15 L. M., Bd. XVII, 3.
16 21. Okt. 1757, L. M., Bd. XVII, 125.
17 L. M., Bd. VIII, 41.
18 L. M., Bd. X, 232.
19 *Goezes Streitschriften gegen Lessing,* hsg. v. Erich Schmidt, Stuttgart, 1893, 78.

seine Beschäftigung als Dramatiker durch seine angeborene Vorliebe dazu verstärkt wurde. Aber warum denn nicht? Wer sagt, „daß niemand richtig und bestimmt denken kann, als wer sich des eigentlichsten, gemeinsten, plattesten Ausdruckes bedienet?“[20] Er würde zeigen, „daß auch da, wo ich mit Worten am meisten spiele, ich dennoch nicht mit leeren Worten spiele“.[21]

Noch einmal möchte ich hier auf *Nathan* zurückkommen und zwar zur reizenden Szene, wo Sultan Saladin mit seiner schönen Schwester Sittah Schach spielt. Ausnahmsweise ist er zerstreut und in Gedanken nicht so ganz beim Spiel und als er aufgibt, will er dafür den ungeformten, glatten Steinen, „die an nichts erinnern, nichts bezeichnen“, die Schuld geben.[22]

Lessing hatte immer mit „Steinen“ reich an Assoziationen gespielt und wie wir gesehen haben, auch nicht gezögert, sie sich in aller Bescheidenheit aus den Schatzkammern anderer auszuleihen. Seit einiger Zeit allerdings ist ihm diese Angewohnheit von manchen Historikern übelgenommen worden.[23] Denn je weiter die Forschung fortschreitet, um so mehr erkennen wir, daß Lessing „in Zitaten gedacht“ hat.[24] Ich glaube, daß er tatsächlich nicht am Wissen und den Ideen der Vergangenheit um ihrer selbst willen interessiert war.[25] Er wies den Titel Gelehrter mit fast ebensolcher Heftigkeit wie den Titel Genie zurück:

> Ich bin nicht gelehrt und ich habe nie die Absicht gehabt gelehrt zu werden und ich möchte nicht gelehrt seyn, und wenn ich es im Traume werden könnte. Alles, wonach ich ein wenig gestrebt habe, ist, im Fall der Noth ein gelehrtes Buch brauchen zu können.[26]

Als Lessing selbst zum Verwalter einer unschätzbaren Bibliothek wurde, faßte er seine Rolle in diesem Sinne auf. Die Schätze gehörten allen. „Was einmal zur Kenntnis der Welt gebracht worden, muß sie so genau, so zuverlässig wissen können, als möglich.“[27] Wozu sie gebraucht würden, war nicht mehr seine Aufgabe. „Man muß, auch in der gelehrten Welt, hübsch leben und leben lassen. Was uns nicht dienet, dienet einem andern.“[28]

Der engstirnige Spezialist, der nur Tatsachen sammelte und so festgefahren war, daß er weder rechts noch links sehen konnte, galt ihm bloß als

20 *2. Anti-Goeze,* L. M., Bd. XIII, 149.
21 *8. Anti-Goeze,* L. M., Bd. XIII, 191.
22 2. Aufzug, 1. Auftritt, L. M., Bd. III, 191.
23 J. G. Robertson, ebenda; René Wellek, *A History of Modern Criticism 1750–1950,* Bd. I, London, 1955.
24 Folke Leander, *Lessing als aesthetischer Denker* (Göteborgs Högskolas Årsskrift, Bd. XLVIII, 1942–3), Göteborg, 1942, 37.
25 Arthur von Arx, *Lessing und die geschichtliche Welt,* Frauenfeld/Leipzig, 1944, 69 ff.
26 L. M., Bd. XVI, 535.
27 *Ergänzungen des Firmicus,* L. M., Bd. XII, 275.
28 *Ehemalige Fenstergemälde im Kloster Hirschau,* L. M., Bd. XII, 38.

lächerlich,[29] aber sein voller Zorn galt dem Verfälscher des Wissens, der durch seinen Mangel an Gewissenhaftigkeit ein ordentliches Spiel unmöglich machte. Nicolai hatte wohl recht, daß Lessing seine antiquarischen Studien, die im 18. Jahrhundert so beliebt waren, nur als Zeitvertreib betrieb und um sich in seiner Überzeugung zu bestärken, daß die Mehrheit der Gelehrten Scharlatane waren, was nicht sehr schmeichelhaft für uns ist.[30] Aber so feurig war Lessings Liebe zur Ehrlichkeit und so hoch waren seine Ansprüche, daß einige dieser Polemiken, besonders die *Briefe antiquarischen Inhalts,* zu seinen hinreißendsten und lesenswertesten Schriften gehören. Sie finden ihren krönenden Abschluß in jenem Juwel der archäologischen Hermeneutik, die stets als Lessings Meisterwerk gefeiert wurde, die kurze Abhandlung *Wie die Alten den Tod gebildet* (die er nur schrieb, um den armen Klotz aufzuklären).

Außerhalb des deutschen Sprachgebietes ist natürlich der *Laokoon,* der großartige Zweikampf zwischen Kunst und Literatur, am bekanntesten. Die Idee eines Vergleiches der verschiedenen Kunstformen lag selbstverständlich in der Luft.[31] Lessing hatte mit großer Begeisterung das *Schreiben über die Tauben und Stummen* von Diderot rezensiert, der der Hoffnung Ausdruck gab, daß ein Kunstkritiker dieses Problem aufgreifen würde.[32] Frey hat gezeigt, wieviel Lessing in seiner raffiniert ungeschmückten Darstellung des *Laokoon* dem Vorbild Diderots verdankt,[33] und es paßt durchaus in diese Geisteshaltung, daß er sogar zeitweise daran dachte, *Laokoon* auf französisch zu schreiben, da die deutsche Sprache für eine derartige Aufgabe noch nicht genug geprägt und ausgebildet war.[34] Es spricht für die Größe Lessings, daß er dieser Versuchung nicht erlag, sondern daß er an die Prägung und Ausbildung seiner „Steine“ selbst heranging. Aber das Turnier wird von einem europäischen Team gespielt. Die erste Runde geht gegen Winckelmann, einen Deutschen, die zweite gegen Spence, einen Engländer, die dritte gegen den Comte de Caylus, einen Franzosen. Wir dürfen den dramatischen Charakter des *Laokoon* nie aus den Augen lassen, weil er die starken Vereinfachungen, mit denen Lessing die Ansichten seiner Gegner darstellt, erklärt, wenn auch nicht immer entschuldigt. Ihre Schriften dienen ihm als Beispiel der Verwirrung

---

29 ebenda und *Selbstbetrachtungen,* L. M., Bd. XVI, 539.

30 Nicolai an Gebler, 1779, Biedermann, ebenda, 218, Vgl. auch Lessing an Mendelssohn, 5. Nov. 1768, L. M., Bd. XVII; an Heyne, 17. Nov. 1770, L. M., Bd. XVII, 349; und *Hermäa,* L. M., Bd. XIV, 290.

31 Hugo Blümner, *Lessings Laokoon,* Berlin, 1880; W. G. Howard, *Lessing's Laokoon,* New York, 1910; F. O. Nolte, *Lessing's Laokoon,* Lancaster, Pa., 1940; René Wellek, ebenda und die M. A. Arbeit von Charles R. Bingham, *Lessing's Laokoon and its English Predecessors,* London, 1938.

32 *Oeuvres,* hsg. v. J. Assézat, Paris, 1875, Bd. I, 385; Die Rezension von Lessing in L. M., Bd. V, 95.

33 A. Frey, *Die Kunstform des Lessingschen Laokoon,* Stuttgart, 1905; Lessings Tribut an Diderot, L. M., Bd. VIII, 288.

34 L. M., Bd. XIV, 440.

zwischen den Kunstmitteln der Dichtung und der Malerei, aber wenn man sich die Mühe nimmt und diese Autoren liest, muß man sie von dieser Anklage freisprechen.

Von den drei Schwesterkünsten, sagte Spence, ist die Dichtkunst den anderen in der Nachahmung überlegen. „. . . der Dichter kann alles, was die beiden anderen mit Form oder Farbe ausdrücken, beschreiben; und kann obendrein in derselben Beschreibung ferner die Figur in eine Abfolge verschiedener Bewegungen stellen."[35]

Und Caylus: „Die Dichtkunst . . . malt die Abfolge der Zeit . . . und die Verkettung der Handlung; die Malerei . . . kann dem Auge nur ein glückliches Beispiel einer eindrucksvollen Natur vorstellen . . ."[36]

Vielleicht hatte Lessing vergessen, diese Stellen gelesen zu haben. Vielleicht aber fand er sie auch nicht so bemerkenswert. Die Unterscheidung, auf die diese Autoren hinarbeiten, war in der kritischen Literatur des 18. Jahrhunderts, bei Shaftesbury, dem Abbé Dubos und bei James Harris, wohlbekannt. Die Unterscheidung geht, glaube ich, letztlich auf Platos *Cratylos* zurück, auf die Zeichen in der Sprache wie etwa das Wort „Pferd", das auf Konvention beruht, und die der Bildenden Künste, wie etwa das Bild eines Pferdes, das die Natur unmittelbar wiedergibt. Wenn sich nun Lessing im *Laokoon* ausschließlich oder hauptsächlich mit dieser Unterscheidung befaßt hätte, würde er seinen Ruhm nur der brillanten Darstellung einer Idee verdanken, die weder neu noch, wie sich herausstellt, ganz richtig war. Denn heute sind wir in der Lage, „natürliche Zeichen" mechanisch mit dem Photoapparat anzufertigen und wir sind dadurch auch weit mehr an der Frage interessiert, inwieweit alle künstlerischen Darstellungen auf Konventionen beruhen.[37] Wer am meisten über diesen Aspekt des Lessing'schen Problems weiß, ist weder der Künstler noch der Ästhetiker, sondern der Pressefotograf, der abschätzen muß, welcher von vielen Schnappschüssen am aufschlußreichsten und effektvollsten ein Ereignis einfängt. Ich zweifle aber, daß er zu denselben Schlußfolgerungen wie Lessing kommen würde. Und noch viel weniger wird er an der berühmten Streitfrage interessiert sein, ob der Marmorlaokoon schreit oder seufzt. Nicht einmal ein Foto dieses grauenhaften Ereignisses würde uns das notwendigerweise zeigen, Zeichen sind eben nur Zeichen, die Information, die sie vermitteln, wird immer selektiv sein. In der Laokoongruppe (T. 1.) haben Hagesandros und seine Mitarbeiter alle Zeichen und Anzeichen von Schmerz und Qual konzentriert, die die griechische Kunst seit Jahrhunder-

---

35 *Polymetis,* London, 1747, 67, (Ich habe die Reihenfolge der Absätze geändert, die im Detail bei Bingham, ebenda, diskutiert werden.)

36 *Tableaux tirés de l' Iliade . . .,* Paris, 1757, S. XXXIII, Blümner, ebenda, unterläßt es, auf diese Parallele hinzuweisen und E. Schmidt ist in seiner Lessingbiographie, Berlin, 1909, Bd. I, 529, nicht ganz aufrichtig. S. Rocheblave, in seinem *Essai sur le Comte de Caylus,* Paris, 1889, 218–20, übertreibt in der anderen Richtung.

37 vgl. Ernst Gombrich, *Kunst und Illusion,* Köln, 1967, Stuttgart, 1978.

ten entwickelt hatte. Die Frage, welchen Laut der arme Priester ausstößt, ist ebenso müßig wie die nach seiner Haarfarbe.

Man hat von Lessing gesagt, daß er nicht viel von Kunst verstand.[38] Als Kunsthistoriker, der hier Lessing feiern soll, muß ich leider zugeben, daß die Wahrheit noch peinlicher ist; er hatte für die Kunst nicht viel übrig. In seinen Schriften findet sich eine charakteristische Bemerkung gegen „überflüssige Kupferstiche in Büchern“: „Sie helfen der Einbildung des Lesers nicht allein nicht; sie fesseln sie; sie irren sie.“[39] Er hatte nichts dagegen, daß Ovid zur Ergötzung der Leser illustriert wurde,[40] solange die Maler ihre Hände vom verehrten Homer ließen.

Je mehr man im Laokoon liest, desto stärker wächst die Überzeugung, daß es nicht so sehr ein Buch über als gegen die bildenden Künste ist: „Wenn die Malerey die Schwester der Dichtkunst seyn will: so sey sie wenigstens keine eifersüchtige Schwester.“[41]

Warum diese Feindschaft? Hat Lessing wirklich so stark auf das Horazwort *ut pictura poesis* reagiert, weil ihn wie uns alle ausführlichen Beschreibungen langweilten? Ich kann das nicht glauben: im Gegenteil, ich glaube, es gibt sogar ein wichtiges Argument gegen diese allgemein angenommene Deutung.

Lessing schreibt nämlich an Nicolai im Hinblick auf die bis dahin erschienenen Rezensionen drei Jahre nach der Veröffentlichung des *Laokoon:* „Noch hat sich keiner, auch nicht einmal Herder, träumen lassen, wo ich hinaus will.“[42]

Ich bin überzeugt, wir können das nur verstehen, wenn wir den *Laokoon* im persönlichen und geschichtlichen Zusammenhang lesen lernen. Es gibt eine kurze aber vielsagende Bemerkung in seinem *Vom Wesen der Fabel,* in der er bereits die Malerei in ihre Schranken verweist. Der Test einer guten Fabel ist, so Lessing, daß sie nicht illustriert werden kann.[43] Mit einem kühnen Streich sucht er die Kombination von Bild und Moral abzuschaffen, die das Wesen der seit der Renaissance so beliebten Emblembücher war. Hier eröffnen sich unerwartete Perspektiven, denn die Mode des Emblembuches hängt unter anderem mit der platonischen Lehre zusammen, der Lehre, daß das Auge das edelste Sinneswerkzeug sei. So kam die Schau einer im Symbol verkörperten Wahrheit der höchsten Form der Erkenntnis nahe, der Art wie Gott oder Seine Engel die Wahrheit sehen, nicht „durch einen Spiegel in einem dunklen Wort“, wie es bei Paulus heißt,

---

38 A. Frey, ebenda, 13 ff.; F. O. Nolte, ebenda; W. Rehm, *Winckelmann und Lessing,* Berlin, 1941, Zu Lessings schonungslosen Bemerkungen über Künstler seinem dänischen Besucher A. C. Hviid gegenüber siehe auch H. Schneider, *Lessing,* Bern, 1951, 50.

39 *Ueber eine zeitige Aufgabe,* L. M., Bd. XVI, 296.

40 *Laokoon* XI, L. M., Bd. IX, 80.

41 *Laokoon* VIII, L. M., Bd. IX, 65.

42 13. April 1769, L. M., Bd. XVII, 287.

43 *Vom Wesen der Fabel,* L. M., Bd. VII, 429.

sondern „von Angesicht zu Angesicht".[44] Für die Platoniker steht diese unmittelbare Schau höher als vernunftmäßige Schlüsse, die mühsam und schrittweise vorgehen müssen. Lessing bricht mit dieser Tradition. Für ihn verdichtet eine Fabel nicht eine Wahrheit, sondern ein Argument, das er mit wissenschaftlichen Beweisführungen vergleicht.[45]

Es scheint mir, daß wir seinen Streit mit Spence und die Überlieferung, die er verkörpert, in diesem Licht sehen müssen. Spence interessierte sich für die antiken Sinnbilder und Attribute. Lessing leider gar nicht. Sein Einwand war, daß es nutzlos sei, Bilder mit Texten zu vergleichen, wenn der Künstler, der sie schuf, nicht frei war. „Aberglaube überladete die Götter mit Sinnbildern. . . . Alles andere, woran sich zu merkliche Spuren gottesdienstlicher Verabredungen zeigen, verdienet diesen Namen nicht, weil die Kunst hier nicht um ihrer selbst willen gearbeitet . . .".[46]

In dieser Stelle, die, wie ich glaube, erstmalig das Prinzip von *l'art pour l'art* formuliert[47], wird die Kunst streng an ihre Aufgabe erinnert, schön zu sein. Aber worauf es ankommt, ist es gerade, daß die Schönheit *nicht* die Wahrheit ist. Lessing war kein Platoniker. Er hatte einmal Shaftesbury als den gefährlichsten Religionsfeind hingestellt, weil er der feinste war.[48] Er sah in ihm den Mann, der Schönheit als göttliche Offenbarung auffaßte. Lessing kam es darauf an, das Gegenteil zu betonen. So hatte er nichts gegen das angebliche griechische Gesetz, das die strikte Zensur aller Kunstwerke forderte, die nicht schön waren.[49] Die Wissenschaft zu unterdrücken wäre strafbar, denn die menschliche Seele bedürfe der Wahrheit. Die Schönen Künste, die nur unserem Vergnügen dienen, können dem Gesetz unterworfen werden.

Die bloße Schönheit diente Lessing oft als Folie. In seiner *Vorrede zu: Des Herrn Jacob Thomson sämtliche Trauerspiele* aus dem Jahre 1756 hatte er gesagt: „So wie ich unendlich lieber den allerungestaltesten Menschen, mit krummen Beinen, mit Buckeln hinten und vorne, erschaffen, als die schönste Bildsäule des Praxiteles gemacht haben wollte"[50], womit er meinte, daß er viel lieber das bürgerliche Trauerspiel von George Lillo *The London Merchant* (1731) geschrieben hätte als das steife Römerdrama *Cato* (1730) von Joseph Addison.

Ich glaube, wir bekommen hier den Faden in die Hand, der es uns ermöglicht, das kunstvolle Gewebe von Lessings Abhandlung zu entwir-

---

44 vgl. Ernst Gombrich," *Icones Symbolicae,* and the visual image in Neoplatonic Thought", auf deutsch in : Das symbolische Bild, Stuttgart, 1986.

45 *Vom Wesen der Fabel,* L. M., Bd. VII, 476.

46 *Laokoon* IX, L. M., Bd. IX, 65–7.

47 Drei Jahre später schreibt J. G. Herder, *Kritische Wälder,* Bd. III, 1769, in ähnlichem Zusammenhang; *Ein Kunstwerk ist der Kunst wegen da.* Vgl. Ernst Gombrich, „Der Fortschrittsglauben im Kunstleben der Renaissance", in: *Norm und Form,* Stuttgart, 1985.

48 *12. Literaturbrief,* L. M., Bd. VIII, 27.

49 *Laokoon II,*L. M., Bd. IX, 13.

50 L. M., Bd. VII, 68.

ren, denn Lessings Vergleich ist auf eine Stelle bei Dryden[51] zurückgeführt worden, in welcher die kalten Schönheiten der französischen Dichtung verglichen werden mit den „Schönheiten einer Bildsäule, aber nicht eines Menschen, weil sie nicht durch die Seele der Poesie belebt sind, welche in der Nachahmung der Leidenschaften und Launen bestehet".[52]

Und diese entscheidende Gegenüberstellung fand Lessing bei einem Kritiker, dessen Bedeutung für seine Sache nicht weiter ausgeführt werden muß, dem ersten, der Shakespeare beinahe mit der Natur selbst gleichgesetzt hatte. Das war die Mine, die das ganze Lehrgebäude der klassischen Ästhetik zum Einsturz bringen sollte.

Rückblickend erkennen wir, wie verschiedene Traditionen hier zusammenkommen: die Tradition des *paragone,* der Rivalität der Künste, verschmilzt mit den Kategorien des Schönen und Erhabenen[53] und diese wiederum werden unter dem Blickpunkt politischer und nationaler Überlieferung gesehen: Freiheit und Tyrannei, England und Frankreich.[54] Shakespeare ist freie und erhabene Dichtung, Corneille ist steife, wenn auch schöne Plastik. Diese Identifizierung war ja keineswegs unfair. Französische Orthodoxie hatte in der Tat die Autorität der drei Einheiten in Hinblick auf die akademischen Gesetze der Malerei verteidigt. Voltaire erinnert de la Motte, der sie abschaffen wollte: „Zwei Ereignisse in ein und demselben Bild zu sehen, ist schockierend ... Hat M. Le Brun Alexander in Arbela und in Indien auf derselben Leinwand dargestellt? Gibt es jemanden, der ein Gemisch von Ereignissen dieser ‚edlen Einfalt' vorzieht?"[55]

Es war ein Argument, das geradezu die Erwiderung herausforderte, daß eben die Kunstmittel und Gegenstände der Dichtung sich von denen der Malerei unterscheiden, wie ja der Abbé Jean-Battiste Dubos in seinen Gedanken zur Malerei und Dichtung (Paris 1719) und James Harris in seinem Aufsatz über die verschiedenen Ausdrucksmöglichkeiten der Musik, Malerei und Dichtung (1744) längst betont hatten. Aber aus all dem wäre nichts geworden oder höchstens ein Absatz in einer Abhandlung über das Drama, die Lessing in seiner Korrespondenz mit Mendelssohn vorbereitete.[56] Sie hätte nicht zur Veröffentlichung des *Laokoon* im Jahre 1766 geführt, wenn nicht, wie ich glaube, ein neuer Fürsprecher der edlen Einfalt in der Person des Johann Joachim Winckelmann vor dem europäischen Forum aufgetreten wäre.

Mendelssohn machte Lessing in ihrem Schriftwechsel über das Drama

---

51 Lawrence Marsen Price, *English Literature in Germany,* Berkeley, 1953, 228 f.

52 Lessings Übersetzung des *Essay of Dramatick Poesie* von Dryden, L. M., Bd. VI, 249–94.

53 Lessings Notiz für den *Laokoon*, L. M., Bd. XIV, 387.

54 *Die Freyheiten der englischen Bühne,* Lessing an Nicolai, 21. Jan. 1758, L. M., Bd. XVII, 133.

55 Vorwort zu *Oedipe,* 1729; *Oeuvres,* Kehl, 1784, 68 und 71.

56 R. Petsch, *Lessings Briefwechsel mit Mendelssohn und Nicolai über das Trauerspiel,* Leipzig, 1910.

auf Winckelmanns *Gedanken über die Nachahmung der griechischen Werke* aufmerksam, die im Jahre 1755 herausgekommen waren.[57] Zum ersten Mal sah er seine Ansichten über das griechische Drama durch Argumente über die Plastik bei den Griechen in Frage gestellt. Lessing, der eine feine Witterung für intellektuelle Strömungen hatte, sah hier eine Gefahr: Erließ doch Winckelmann gleichsam ein Manifest einer platonisierenden Klassizistik, das mit geradezu religiöser Mystik vorgetragen wurde. Die Schönheitsreligion eines Shaftesbury sollte den psychologischen Hedonismus eines Hogarth[58] und Burke[59] verdrängen. Die edle Einfalt und stille Größe griechischer Plastik wurde als die hohe moralische Macht, als der wahre Ausdruck der griechischen Seele gefeiert.

In einer der Notizen für den *Laokoon* drückt Lessing den Verdacht aus, daß es das Schönheitsideal in den Bildenden Künsten war, welches für das Ideal der moralischen Vollkommenheit in der Dichtung verantwortlich war – er meinte natürlich das Ideal Corneilles.[60] Lessings *Laokoon* beginnt mit dem Zitat eben der Stelle aus Winckelmanns Schrift, die Mendelssohn gegen ihn zitiert hatte, in der Winckelmann die bewundernswerte Beherrschung des *Laokoon* pries, der nicht schreit, sondern seinen Schmerz beherrscht. Es heißt dort: „Laokoon leidet, aber er leidet wie des Sophokles Philoktet; sein Elend gehet uns bis an die Seele; aber wir wünschten, wie dieser große Mann das Elend ertragen zu können."[61]

Was für einen günstigeren Eröffnungszug hätte sich Lessing wünschen können als diesen absurden Halbsatz über Sophokles? Bekanntlich jammert Philoktet sogar erbärmlich. Und warum auch nicht? Alles Stoische ist *untheatralisch*[62]. Selbstbeherrschung mag Bewunderung hervorrufen, aber Bewunderung ist ein kaltes Gefühl, das alle Wärme der Leidenschaft ausschließt.

Jedem Kenner von Lessings dramaturgischen Schriften wird es klar sein, worauf sich diese polemische Bemerkung bezieht. Sie zielt auf Corneille und sein Ideal der bewundernswerten Größe. Das halte ich auch für den wahren Grund, warum Lessing den *Laokoon* schreiben mußte.[63] Er befürchtete, daß in Winckelmann und der Strömung, die Winckelmann auf den Gipfel des europäischen Ruhms brachte, der französische Klassizismus, der schon in den letzten Zügen lag, einen unvorhergesehenen Verbündeten gefunden hatte. Winckelmanns große *Geschichte der Kunst des*

57 Dez. 1756, L. M., Bd. XIX, 56. Für den Zusammenhang vgl. Petsch, ebenda, 62 ff.

58 Lessing über Hogarth, L. M., Bd. V, 368, 405, 422.

59 Lessing über Burke (den er übersetzen wollte), L. M., Bd. XIV, 220.

60 L. M., Bd. XIV, 355.

61 L. M., Bd. IX, 6.

62 *Laokoon* I, L. M., Bd. IX, 10.

63 Ich finde eine negative Bestätigung bei F. O. Nolte, ebenda, 137: „Obwohl Lessing durch den kraftvollen und irgendwie dramatischen Ton seines Arguments es einem glauben machen ließe, gab es keine dringende Notwendigkeit für den *Laokoon* wie er ausgerichtet war zu der Zeit, zu der er erschien."

Altertums erschien 1764. Lessing griff sie nur indirekt an; aber er bestand in aller Höflichkeit darauf, ihre wissenschaftliche Autorität in Frage zu stellen.[64] Sein Motto war „divide et impera“: Ich lasse euch eure stille Größe – in der Plastik. Die Bildende Kunst ist zu nichts anderem gut als durch Schönheit zu erfreuen. Aber überlaßt mir die Welt der Leidenschaft, der Handlung, der Bewegung, die die „Seele der Dichtung“ ist und für die ich in der deutschen Literatur kämpfe.

Im *Laokoon* zog Lessing eine Trennmauer zwischen Kunst und Literatur, um die klassizistische Mode auf die Bildenden Künste zu beschränken, wo sie tatsächlich herrschte, bis Fuseli das bildliche Gegenstück zu Shakespeare in der ungeschlachten Erhabenheit Rembrandts endteckte.[65] Lessing erwähnte Rembrandt nie und würde ihn auch kaum gebilligt haben. Er war es zufrieden, daß Laokoon im kalten Marmor stumm blieb, so lange Philoktet auf der Bühne brüllen durfte bis die französischen Marionetten in den Kulissen verschwanden.

Von diesem Gesichtspunkt aus setzt der *Laokoon* die Arbeit des Siebzehnten *Literaturbriefes* fort oder besser, er sichert das Gewonnene gegen eine unerwartete Bedrohung von der Flanke her, die den Lauf der deutschen Literatur tatsächlich beeinflußt haben könnte. Zwei Jahre später ging Lessing in der *Hamburgischen Dramaturgie* zum Angriff über. Durch äußere Umstände gezwungen verwandelte er sich aus einem Kritiker, der sich mit der schauspielerischen Darstellung der Leidenschaft auf dem Theater befaßt hatte,[66] in einen Kritiker, der mit zunehmender Schärfe gegen Corneille und Voltaire Stellung nahm. Äußerlich drehte sich das Argument um das doch etwas sterile Problem, ob die Franzosen die aristotelische Definition der Tragödie richtig verstanden hätten oder ob Shakespeare nicht den Forderungen des Orakels eigentlich nähergekommen wäre. Aber warum wird diese aristotelische Definition auf dem Schachbrett herumgeschoben? Weil es um die Erweckung und Reinigung der Leidenschaften geht, und Lessing wieder jede Deutung auszuschließen sucht, die das aufwühlende Erlebnis der Furcht und des Mitleids und die tiefgehenden therapeutischen Wirkungen der nachempfundenen Agonie einschränken würde.

Ich zweifle, ob solch andauernde und geschickte Parteinahme durch die Ideengeschichte allein erklärt werden kann, die ja Lessing selbst nur zu einem Spielball unpersönlicher Mächte machen würde. Gewiß, diese Mächte hatten ihren Einfluß auf ihn, aber er hatte auch Einfluß auf sie und wir kommen dem Kern dieses außergewöhnlichen Geistes nur dann näher,

---

64 *Laokoon* XXVI–XXIX, L. M., Bd. IX, 156–77. Aus den Entwürfen (L. M., Bd. XIV, 379, 411) wissen wir, daß Lessing nur von einem wirksamen literarischen Kunstgriff Gebrauch machte, wenn er vorgab, daß Winckelmanns Geschichte zum Zeitpunkt der Niederschrift seiner letzten Abschnitte eben erst herausgekommen war.

65 *Lectures on Painting by the Royal Academicians,* hsg. v. R. N. Wornum, London, 1889, 402 f.

66 *3. Stück,* L. M., Bd. IX, 195 nimmt die James-Lange Ausdrucktheorie vorweg.

wenn wir fragen, was ihn, den Meister verstandesmäßiger Argumente, zum Vorkämpfer der Leidenschaft machte.

Die folgende aufschlußreiche Anekdote, die Lessings Bruder überlieferte, ließe sicherlich einen Psychologen aufhorchen. In den frühen sechziger Jahren wurde Lessing von einem Freund beim Spiel am Pharaoh-Tisch beobachtet. Er spielte mit solcher Intensität, daß ihm, obwohl das Spiel für ihn gut stand, die Schweißtropfen vom Gesicht herunterliefen. Auf die Warnung hin, er solle seine Geldbörse und seine Gesundheit nicht riskieren, antwortete Lessing charakteristischermaßen, daß er überhaupt nicht spielen würde, wenn er kaltblütig spielen müßte. „Ich spiele aber aus Grund so leidenschaftlich. Die heftige Bewegung setzt meine stockende Maschine in Tätigkeit und bringt die Säfte in Umlauf; sie befreit mich von einer körperlichen Angst, die ich zuweilen leide.“[67]

Wenn Robertson recht hatte, daß Lessings Interesse an der aristotelischen medizinischen Interpretation der Katharsis erst von seinen späten Hamburger Jahren herrührt,[68] dann nimmt diese Stelle an Bedeutung zu. Lessing übernahm sie von Dacier oder sonstwo, weil er sich selbst beobachtet hatte.

Was war das für eine Leidenschaft und für eine Angst? Ich möchte mich hier nicht auf psychologische Fachsprache einlassen, wozu ich gar nicht kompetent wäre, aber ich glaube doch, daß wir nicht fehlgehen, wenn wir sie Aggression nennen. Lessing sprach von der „Galle“, was auf dasselbe hinausläuft. Es ist gewiß keine diagnostische Leistung, wenn wir in dem Autor des Vademekum für Pastor Lange, dem Vernichter Gottscheds, dem Autor der Briefe antiquarischen Inhalts gegen Klotz und des Anti-Goeze, einen aggressiven Menschen sehen.[69] Wir erfahren mehr über ihn aus einem der persönlichsten Dokumente aus Lessings Leben, das erst nach seinem Tod unter seinen Papieren gefunden wurde, ein seltsamer, halbironischer Monolog, den er während der größten Krise in seiner Laufbahn niederschrieb.[70]

Es war an dem Abend, an dem Lessing den Befehl seines Landesherrn, des Fürsten von Braunschweig, erhielt, in Zukunft alle seine Schriften der Zensur vorzulegen, um die Fortdauer des Streites mit Pastor Goeze, der sich in seiner Ehre angegriffen fühlte, zu verhindern.

Ich will mich nicht ärgern; oder mich geschwind, geschwind abärgern, damit ich bald wieder ruhig werde, und mir den Schlaf nicht verderbe, um dessen Erhaltung ich besorgter bin, als um alles in der Welt.

Nun wohlan, meine liebe Irascibililtät! Wo bist du? wo steckst du? du hast freyes Feld. Brich nur los! tummle dich brav!

---

67 Oehlke, ebenda, Bd. I, 384.

68 Robertson, ebenda, 343 ff.

69 H. H. J. Peisel, *Die Lebensform Lessings als Strukturprinzip in seinen Dramen.* (Dissertation, University of Pennsylvania), Philadelphia, 1941, bes. 53.

70 L. M., Bd. XVI., 422.

Spitzbübin! So? du willst mich nur überraschen? und weil du mich hier nicht überraschen kannst, weil ich dich selbst hetze, selbst sporne; willst du mir zum Trotze faul und stetisch seyn.

Nun mach bald, was du machen willst, knirsch mir die Zähne, schlage mich vor die Stirne, beiß mich in die Unterlippe!

Indem thue ich das Letztere wirklich, und sogleich steht er vor mir, wie er leibte und lebte – mein Vater seeliger. Das war seine Gewohnheit, wenn ihn etwas zu wurmen anfing und so oft ich mir ihn einmahl recht lebhaft vorstellen will, darf ich mich nur auf die nehmliche Art in die Unterlippe beissen. So wie, wenn ich mir ihn auf Veranlassung eines anderen Dinges recht lebhaft denke, ich gewiß seyn kann, daß die Zähne sogleich auf meiner Lippe sitzen.

Gut, alter Knabe, gut. Ich verstehe dich. Du warst so ein guter Mann, und zugleich so ein hitziger Mann. . . .

Und Lessing blieb ruhig. Er beugte sich dem Befehl seines Landesherrn.

Wir würden gerne mehr über diesen Vater wissen, der so lebhaft in der Erinnerung seines Sohnes auftauchte und mit der charakteristischen Geste seine Wut zu besänftigen suchte. In der Kleinstadt Kamenz in Sachsen war er ein geachteter Pastor und ein nicht zu unterschätzender Gelehrter gewesen.[71] Wir haben ein Zeugnis seiner klassischen Bildung, seine lateinische Dissertation, die er in Wittenberg *de non commutando sexus habitu* geschrieben hatte, über die Unschicklichkeit von Frauen, Männerkleidung zu tragen und umgekehrt.[72] Man kann es bezeichnend finden, daß sein Sohn ein noch viel berühmteres Werk gegen unerlaubte Verwechslung der Kunstgattungen schreiben sollte. Wichtiger aber war das Interesse, das Lessings Vater an englischen theologischen Schriften hatte, seine Übersetzungen von Tillotson, die als Beispiele eines neuen klaren Prosastils und liberalen Einstellung galten, die seinen Sohn beeinflußten.

Es paßt gut in unsere Erwartungen, daß die erste literarische Leistung Lessings eine Glückwunschansprache an seinen Vater aus dem Jahre 1743 ist,[73] in der er das dialektische Spiel gegen seinen Vater spielt. Der arme Pastor sagte gern, daß die Welt immer mehr auf den Hund kommt und der kluge Schuljunge, dem wir schon begegnet sind, wie er die Waffen der Logik gegen seine Schwester einsetzte, bewies mit Argumenten aus der Astronomie, Geschichte und der Heiligen Schrift, daß jedes Jahr genauso wie das andere ist. Wir wissen nicht, wie der Vater darauf reagierte. Wahrscheinlich war er stolz. Sein Sohn machte in der Schule derartige Fortschritte, daß sein Lehrer ihn mit einem Pferd verglich, das doppeltes Futter verlangte, nur waren sein Futter eben Bücher.[74] Lessing hatte entdeckt, daß Bücher Kampfmittel gegen jede Autorität sein konnten. Wissen wir doch aus dem Briefwechsel mit seinem Vater, daß der junge Lessing stets der Kraft des Arguments vertraute. In einem seiner Briefe nach Hause

71 Oehlke, ebenda, Bd. I, 8 f.; Preisel, ebenda, 5 f.
72 Wittenberg, 1714.
73 L. M., Bd. XIV, 135–42.
74 K. G. Lessing, bei Biedermann, ebenda, 8.

fällt er sogar ins Lateinische, um seinen Vater zu bitten, sich nicht vom Vorurteil seiner Mutter gegen einen freidenkenden Kommilitonen bestimmen zu lassen.[75] Wir würden gerne glauben, daß Lessing sein lebenslanges Vertrauen in die Macht der Vernunft seinem Vater verdankt. Denn ohne Vernunft wäre er vielleicht nur ein Rebell geworden, der gegen die Autorität revoltierte, wie viele kleinere Geister. Lessing richtete sich nie gegen die Autorität als solche. Kein Denker könnte das je tun und konsequent bleiben. Aber er wollte keine Autorität akzeptieren, die er nicht in sich selbst fand.

Wir lesen bei Freud, daß wir alle unsere natürlichen Gefühle der Eifersucht durch solch einen Akt der Identifikation beherrschen lernen, indem wir unseren Vater gleichsam zu einem Verbündeten machen gegen jene dunklen Mächte in uns, die wir zu fürchten haben.

Vielleicht hatte Lessing insoferne Glück als das Vaterbild ihm sowohl die Lizenz erteilte, sich seinen Aggressionen hinzugeben, wie auch den Wunsch, sich zu beherrschen. Vielleicht mag ein Psychologe in dieser Kombination auch den Grund all jener Angstzustände sehen, über die Lessing klagte. Er hatte gelernt, sich auf die Zunge zu beißen, seine Aggression gegen sich selbst zu richten und nur ein offener Kampf konnte ihn von diesen Spannungen befreien.

Glücklicherweise brauchen wir kaum die Hilfe eines Psychoanalytikers, um das Geheimnis von Lessings Persönlichkeit zu enträtseln. Denn wir haben ja schon gesehen, daß er sich selbst schonungslos analysierte. Er prangerte sich selbst in seiner ersten Komödie als den jungen eingebildeten Gelehrten an, der sich der Bildung seines alten Herrn schämt und mit Hobbes den Beweis führt, daß ein Sohn durchaus seinen Vater schlagen könne.[76] Er schrieb den *Freygeist,* um seinem Vater zu beweisen, daß er über seine eigene Unduldsamkeit lachen konnte.[77] Und mit zwanzig Jahren dichtete er den ersten Gesang eines Gedichtes über Religion, das trotz seiner schwülstigen Sprache und seinem altmodischen Versmaß eine der ergreifendsten Selbstanalysen eines verzweifelt ehrlichen Menschen ist.[78] Nacheinander verwirft er in diesem Gedicht Heuchelei und Selbsttäuschung, alle die kleinen beruhigenden Ausflüchte, mit denen er seine Sünden und Laster entschuldigt hatte, bis er an dem Punkt anlangt, wo er den Plan zu diesem Epos über Religion vor unseren Augen als nichts anderes darstellt als die Frucht des Ehrgeizes und, was noch ärger ist, als das Produkt des Neides. Damals waren nämlich die ersten Gesänge von Klopstocks *Messias* erschienen, die zu zeigen hofften, daß auch die deutsche Sprache zum Himmel dringen kann. Wenn Lessing nun Klopstock

---

75 30. Mai 1749, L. M., Bd. XVII, 19. Zu Lessings Frühreife vgl. F. O. Nolte, *Grillparzer, Lessing and Goethe, Lancaster, Pa., 1938, 101–4.*

76 *Der junge Gelehrte,* 2. Aufzug, 4. Auftritte, L. M., Bd. I, 319, Zu Lessings Selbstsatire vgl. seinen Brief an die Mutter, 20. Jan. 1749, M. L., Bd. XVII, 8.

77 Brief an seinen Vater, 28. Apr. 1749, L. M., Bd. XVII, 16.

78 Hans Leisegang, *Lessings Weltanschauung,* Leipzig, 1931, 27–55.

nacheifert, so erhebt sich doch die Frage, was ist Nacheifern wenn nicht Neid? „Nacheifern ist Beneiden".[79]

Es wäre schäbig, eine so ergreifende Selbstanalyse als Waffe gegen den Autor zu wenden. Aber wenn wir anstelle des beleidigenden Wortes Neid das Wort Eifersucht setzen und sagen, daß Lessing sein ganzes Leben lang eifersüchtig auf seinen Ruf war, eifersüchtig auf den Ruhm deutscher Literatur, so sagen wir hoffentlich nichts Ungerechtes. Vor allem dürfen wir nicht vergessen, daß Lessing gelernt hatte, seine Aggression durch Identifikation mit dem Gegenstand seiner Eifersucht zu meistern. Er hatte des Rätsels Antwort gefunden: wann ist ein Streit nicht ein Streit? Wenn er um die Wahrheit geht. Denn bei Streitigkeiten, die die Wahrheit zum Vorwurf haben, so argumentiert er in einer wunderbaren Stelle, verliert die unterliegende Partei „. . . nichts als Irrthümer, und kann alle Augenblicke an dem Siege der andern Theil nehmen".[80] Wiederum tritt uns das Schachspiel in Lessings *Nathan* vor Augen, wo jeder Partner in Wirklichkeit auf der Seite des Gegners ist. Wenn man Lessing vorwerfen konnte, daß er sich manchesmal Argumente aus dem Arsenal seiner Gegner auslieh, so mag das vielleicht der Preis gewesen sein, den er zahlen mußte.[81]

Seine Stärke sowohl wie auch seine gelegentliche Schwäche als Dramatiker wird von hier aus verständlich. Denn auch in seinen Stücken wird die Leidenschaft oft zur bloßen Dialektik, die den Konflikt zu beseitigen droht. Der Held im Fragment *Henzi* kämpft nicht mit der tyrannischen Autorität, sondern gegen die Mitverschwörer, die einen ehrenwerten Stadtvater verbannen wollen. Die melodramatische Handlung im Stück *Miss Sarah Sampson* dreht sich größtenteils um die Schuldgefühle der gefallenen Heldin, die sich nach Strafe von seiten des allverzeihenden Vaters sehnt. Dieses Stück gilt als bahnbrechend in der deutschen Literatur sowohl als bürgerliches Drama als auch ein Dokument der Empfindsamkeit, aber ich kann mich des Gefühls nicht erwehren, daß dieses einzige Mal, in dem Lessing die Schleusen der Empfindsamkeit öffnen wollte, seine Dialoge gekünstelt wirken. Er mußte sich die Leidenschaft aus fremden Schatzkammern ausleihen – man sagt, aus Richardsons gefühlsseligen Bestsellern.[82] Es scheint mir, daß Lessing den ersten Plan zu seinem kraftvollsten Stück, *Emilia Galotti,* als Korrektiv gegen diese Überdosis an geborgtem Gefühl konzipierte. Es ist der antike Stoff der Virginia, aber mit einem Unterschied: denn wiederum ist es die Tochter, die den Vater überredet, sie eher zu töten, als sie den Versuchungen ihres fürstlichen Verfolgers auszusetzen, nicht, und das ist wesentlich, weil sie sich vor der Gewalt, sondern vor ihrem eigenen heißen Blut fürchtet.[83] Seltsamerweise liegt eine ähnliche

---

79 *Die Religion,* L. M., Bd. I, 265.

80 *Rettung des Cardanus,* L. M., Bd. V, 323.

81 Vgl. Robertson, ebenda, 348 und oben, 139.

82 F. O. Nolte, ebenda, und H. B. Garland, *Lessing,* Cambridge, 1937, 117–23. Für eine gegenteilige Einschätzung siehe Otto Mann, *Lessing,* Cambridge, 1948, 224 ff.

Tragik, die Liebe zum Unterdrücker, auch der Handlung von Lessings beliebtestem Lustspiel, *Minna von Barnhelm* zugrunde. Es war eines der ersten Theaterstücke, das ich sah, aber ich muß gestehen, daß ich das eigentliche Thema dieses Schauspiels nicht verstand, das so oft als eine Verherrlichung der preußischen Armee hingestellt wird.[84] Der Held Tellheim ist kein Preuße; er ist ein livländischer Edelmann. Es stimmt zwar, daß er in die Armee Friedrichs des Großen eingetreten war, aber als echter Lessing'scher Held trat er als Mitglied der Besatzungstruppen in Sachsen für den Feind ein. Er setzte nicht nur die Kontributionen so niedrig wie möglich an; er schoß sogar einen Teil selbst vor, als das Dorf nicht zahlen konnte. Minna, die Tochter eines sächsischen Adeligen, hörte das; sie hielt sich nicht an Konvention und Vorurteil und ging uneingeladen zu einer Gesellschaft, um Tellheim zu treffen. Bevor die Armee weiterzog, waren die beiden verlobt, aber nach Kriegsende ließ er nichts mehr von sich hören. Das Stück fängt mit ihrer Suche nach dem widerwilligen Verlobten an; sie entdeckt, daß seine unpreußische Handlungsweise als Korruption ausgelegt und er deshalb aus der Armee entlassen worden war. Da er nun gänzlich mittellos ist, will er sie von ihrem Verlöbnis lösen, aber auch ihr war es ähnlich ergangen. Ihr Onkel, der Graf, war über ihre unpatriotische Haltung erzürnt und hatte sie enterbt. Sobald Tellheim hört, daß sie beide im Unglück sind, steht er sofort zu seinem Versprechen. Aber wir wissen ja, daß Minnas Geschichte eine Notlüge war und alles löst sich in Wohlgefallen auf, als ein anrüchiger französischer Höfling die Nachricht vom Königsschloß bringt, daß Tellheim rehabilitiert sei. Er lehnt es ab, wieder Offizier zu werden. Der Untertitel „Soldatenglück" kann nur ironisch gemeint sein. Was aus der Tragödie eine Komödie macht, ist die Umkehrung der Konvention. Hier ist es das Mädchen, das wirbt, während der Mann sich nicht hingibt, weil sein Ehrgefühl ihm das verbietet. Aber für ein Lustspiel zeigen die Protagonisten vielleicht zu viel Selbstbeherrschung, zu viel Edelmut. Als Lessing das Ideal der Stoiker im *Laokoon* angriff, wandte er wiederum seine Kritik gegen den stärkeren Zug in seinem eigenen Charakter.

Denn wie wir gesehen haben, konnte Lessing nur beim intellektuellen Argumentieren aus sich herausgehen. Seine anakreontische Lyrik ist konventionell und sogar seine scharfen Epigramme, so scharf sie auch treffen,

---

83 Dieser Wesenszug hat vielfach Verwunderung ausgelöst: Oehlke, ebenda, Bd. I, 184; W. Dilthey, *Das Erlebnis und die Dichtung*, Leipzig, 1910, 83. Im *Philotas* liegt eine ähnliche Vater-Kind-Beziehung vor, wenn Philotas das Bild seines Vaters bittet, seine Seele zu betreten und ihm beim Selbstmord beizustehen (4. Auftritt), L. M., Bd. II, 362, sowie in den dramatischen Fragmenten *Giangir* mit seiner Ödipusumschreibung (L. M., Bd. III, 251); *Der Horoscop* (L. M., Bd. III, 371), wiederum eine Ödipusgeschichte und *Kleonnis* (L. M., Bd. III, 364), wo der Vater auf seinen Sohn eifersüchtig ist.

84 F. Mehring, ebenda, 322 f. Für eine präzise Zusammenfassung siehe Kuno Fischer, *Lessing*, Stuttgart, 1881, Die Interpretation von O. Mann, ebenda, 207, daß Tellheim ein „Opfer des Friedens" ist, scheint mir beachtenswert.

sind gewöhnlich aus Schäften gedrechselt, die aus anderer Leute Arsenal stammen. Leider sind seine charakteristischen Schöpfungen nur in der Gesamtausgabe aufzufinden; er nannte sie *Rettungen,* in denen er mit immensem Wissen den Fall eines obskuren Autors aus der Vergangenheit aufgriff, dessen Name ungerechtfertigterweise von irgendeinem offiziellen Historiker angeschwärzt worden war. Er hatte entdeckt, wie er mit feiner Selbstironie bemerkte, daß „Die Gabe sich widersprechen zu lassen, . . . wohl überhaupt eine Gabe (ist), die unter den Gelehrten nur die Todten haben."[85] Aber er wandte auch große Sorgfalt an, diese Entdeckung nicht unfair zu handhaben: „Auf wen alle zuschlagen, der hat vor mir Friede."[86] Er zog es vor, seine Sündenböcke unter den großen Berühmtheiten wie Martin Luther zu suchen, der den Humanisten Lemnius ohne wirkliche Provozierung verleumdet hatte.[87] Zwar ist es richtig, daß ihm in schlechterer Münze zurückgezahlt wurde, aber ist es nicht an der Zeit, daß die Geschichte beider Schuld ins rechte Lot rückt?

Es paßt so richtig, daß die bedeutendsten Werke von Lessings letzten Jahren aus dieser Tätigkeit eines Anwalts vor dem Gerichtshof der Wahrheit stammten. Mit fünfundvierzig Jahren sagte er im Jahre 1774 seinem Bruder, daß er gegen seine immer stärker werdenden Depressionen kein anderes Mittel wußte als sich „aus einer nichtswürdigen litterarischen Untersuchung in die andere zu stürzen".[88] Es handelte sich dabei u. a. um seine Schriften „Vom Alter der Oelmalerey" oder „Ehemalige Fenstergemälde im Kloster Hirsau"[89], die den Ruhm eines Spezialisten begründen könnten. Das Theater hatte seinen Zauber verloren, er empfand es als langweilig und es widerte ihn an. „Lieber wollte ich mir mit den Theologen eine kleine Komödie machen, wenn ich Komödie brauchte."[90]

Es sollte nicht eine beißend-spöttische Komödie der Art sein, wie sie so häufig im freigeistigen achtzehnten Jahrhundert vorkam. Lessing war kein Spötter wie Voltaire. Im Gegenteil. Solche Spötteleien trieben ihn immer in die Opposition.[91] Er hatte großen Respekt vor den religiösen Denkern der Vergangenheit, deren theologische Systeme im Glauben wurzelten. Was er hingegen verachtete, war der wohlmeinende Liberalismus der aufgeklärten Christen, die das eine haben und das andere

---

85 *Rettung des Horaz,* L. M., Bd. V, 272.

86 An Eva Koenig (über Sonnenfels), 8. Jan. 1773, L. M., Bd. XVIII, 72.

87 *Rettung des Lemnius,* L. M., Bd. V, 41 ff.

88 L. M., Bd. XVIII, 116–7.

89 L. M., Bd. XII, 38 and 159 ff.

90 11. Nov. 1774, L. M., XVIII, 117. Zu Lessings zunehmender Abneigung gegen die Bühne siehe F. Horn, bei Biedermann, ebenda, 267; an Karl Lessing, 25. Feb. 1778, L. M., XVIII, 265; zu seiner Theologie siehe Dilthey, ebenda, 85–120, C. Schrempf, *Lessing als Philosoph,* Stuttgart, 1906, P. Lorenz, *Lessings Philosophie,* Leipzig, 1909, Leisegang, ebenda, und H. Chadwick, *Lessing's Theological Writings,* London, 1956.

91 Brief an Nicolai, 25. Aug. 1769, L. M., Bd. XVII, 298; *Bibliolatrie,* L. M., Bd. XVI, 475; *Ueber eine zeitige Aufgabe,* L. M., Bd. XVI, 295–6.

nicht lassen wollten, die die Wahrheiten der Religion im Lichte des Verstandes beweisen wollten. Das konnte Lessing nicht gelten lassen. Wiederum bestand er auf einer Scheidewand, die Unbefugten den Zutritt verwehren sollte. Rationale Christen waren nur irrationale Philosophen.[92]

Zunächst verblüffte er seine aufgeklärten Freunde mit einer Reihe von Schriften, in denen er die Konsequenz der orthodoxen Glaubenslehren mit den modernen Verfechtern von Kompromißlösungen kontrastierte.[93] Dann empörte er sie durch die Veröffentlichung der berühmten *Fragmente eines Ungenannten,* die er als kompromißlose und daher konsequente Darstellung des Anliegens der Rationalisten gegen Wunder und die Evangelien betrachtete. Lessing war als früher Anhänger von Pierre Bayle und im Grunde als pyrrhonischer Zweifler überzeugt,[94] daß eine historische Aussage ebensowenig wie ein Glaubensartikel rational bewiesen werden konnte. Er erwartete sogar, daß die orthodoxe Fraktion ihm für diese Klarstellung dankbar sein werde. Aber Hauptpastor Goeze stürzte sich mit hocherhobener Lutherbibel in den Kampf und bestand auf Unterwerfung unter den Buchstaben. Lessing fand sich in einen unbeabsichtigten Kampf verwickelt und sein Zorn darüber erklärt vielleicht die Heftigkeit seiner Sprache. Er hatte die aufgeklärten Theologen provozieren wollen und sah sich nun gezwungen, erneut über Probleme zu diskutieren, die er bereits als erledigt ansah. Es war nicht der Glaube des Pastoren, der ihn ärgerte. Es war seine Arroganz, sein Anspruch auf das Monopol auf Wahrheit, das einzige, das Lessing nicht gelten lassen konnte.[95]

Und so kam es zu der wohl meistzitierten Äußerung Lessings, daß der Wert eines Menschen nicht nach dem Besitz der Wahrheit bestimmt werde, sondern nach seinem ernstlichen Streben nach Wahrheit:

> Wenn Gott in seiner Rechten alle Wahrheit, und in seiner Linken den einzigen immer regen Trieb nach Wahrheit, obschon mit dem Zusatze, mich immer und ewig zu irren, verschlossen hielte, und spräche zu mir: wähle! ich fiele ihm mit Demuth in seine Linke, und sagte: Vater gieb! Die reine Wahrheit ist ja doch nur für Dich allein![96]

Ich könnte sagen: „Vater, ich bestehe nicht auf den Sieg, wenn Du mich nur gegen Dich weiterspielen läßt", Lessing drückte es besser aus: „Denn

---

92 Brief an Karl Lessing, 2. Feb. 1774, L. M., Bd. XVIII, 101; *Des Andreas Wissowatius Einwürfe wider die Dreieinigkeit,* L. M., Bd. XII, 96, 98; *Von der Duldung der Deisten,* L. M., Bd. XII, 271; *Aus den Papieren des Ungenannten,* L. M., Bd. XII, 431–5; 442–3.

93 *Leibnitz von den ewigen Strafen,* L. M., Bd. XI, 461 f.; *Des Andreas Wissowatius* etc., ebenda.

94 Naumann bei Oehlke, ebenda, Bd. I, 236. Über Bayle und den historischen Pyrrhonismus siehe Arnaldo Momigliano, „Ancient History and the Antiquarian", *Journal of the Warburg and Courtauld Institutes, XIII, 1950; der Aufsatz enthält viel Material, das A. von Arx nicht verwendet hat.*

95 *Absagungsschreiben,* L. M., Bd. XIII, 103.

96 *Eine Duplik, L. M., Bd. XIII, 24.*

nicht durch den Besitz, sondern durch die Nachforschung der Wahrheit erweitern sich seine Kräfte, worin allein seine immer wachsende Vollkommenheit besteht."[97]

Es war besonders dieser Satz, der den Zorn des Pastor Goeze erregte. Was könnte dann absurder sein? Warum sollten wir unsere Kräfte erweitern, wenn uns Wahrheit immer entgleitet so wie Wasser vom dürstenden Tantalus zurückweicht?

Ein herrlicher Trost für die Goldmacher. Je länger sie in Kohlen wühlen, und im Dampfe und Rauche arbeiten, desto mehr erweitern sie ihre Kräfte, desto mehr wächset ihre Volkommenheit. Wie weit würden sie also herabsinken, wenn sie den Stein der Weisen wirklich zu Stande brächten?[98]

Es scheint mir, daß Goeze die Worte Lessings tiefer, ja fast prophetischer als die meisten seiner späteren Kommentatoren interpretierte. Was der Pastor nicht wußte oder was er nicht zur Kenntnis nehmen wollte, war die Tatsache, daß die abendländische Menschheit die verhängnisvolle Wahl bereits getroffen hatte. Denn was anderes ist denn die Auffassung eines Naturwissenschaftlers als die Überzeugung, daß Wahrheit immer nur ein Provisorium und eine Hypothese ist und daß es nur auf die Suche ankommt, durch die die Kräfte des Menschen erweitert werden?[99] Leider kann es wohl sein, daß die Entdeckung des Steines der Weisen die Menschheit tatsächlich zu Fall bringen wird, wenn sie damit die Suche nach der Wahrheit aufgibt.

Lessing war sich des provisorischen Charakters aller naturwissenschaftlichen Erkenntnisse, die mit der Methode der Induktion arbeiten, bewußt.[100] Aber diese Einsicht hat niemals seine Bewunderung für die Forschung beeinträchtigt, der seine erste Jugendliebe galt. Sein Lieblingslehrer in der Schule war der Naturwissenschaftslehrer[101], und er blieb davon überzeugt, daß die Naturwissenschaften und nicht die Altphilologie die Grundlagen der Erziehung darstellten[102] – heute würde er zweifelsohne leidenschaftlich das Gegenteil vertreten. Wir wissen, daß er nur verhindert wurde, Medizin zu studieren, weil seine Eltern den Einfluß seines Freundes Mylius fürchteten, der sich für die Naturwissenschaften interessierte;[103] und es ist vielsagend, daß in einem seiner frühen Gedichte, das an Mylius gerichtet ist, der Keim zu einem anderen *Laokoon* steckt, wo Dichtung, die sich mit dem Äußerlichen zufrieden gibt, mit den Naturwissenschaften kontrastiert wird, die sich mit Wahrheit befaßten: Newton ist in unserer

---

97 L. M., Bd. XIII, 24.
98 Erich Schmidt, ebenda, 88.
99 K. R. Popper, *Logik der Forschung,* Wien, 1935, 208–9.
100 *Axiomata, L. M., Bd. XIII, 108.*
101 Oehlke, ebenda Bd. I, 46.
102 *11. Literaturbrief,* L. M., Bd. VIII, 25; *Vom Wesen der Fabel,* L. M., Bd. VII, 477.
103 Brief an seine Mutter, 20. Jan. 1749, L. M., Bd. XVII, 9.

Zeit was Homer den Griechen bedeutete; und ist er weniger schöpferisch als der Dichter?[104]

In einem seiner spätesten philosophischen Entwürfe nimmt Lessing das *Laokoon*problem nochmals auf mit seiner Dikussion der „Perfektibilität" des Menschen und seiner Unfähigkeit, die ganze Wahrheit im Sinne der Newton'schen Wissenschaft zu besitzen.[105]

„Die Seele ist ein einfaches Wesen, welches unendlicher Vorstellungen fähig ist. Da sie aber ein endliches Wesen ist, so ist sie dieser unendlichen Vorstellungen nicht auf einmal fähig, sondern erlangt sie nach und nach in einer unendlichen Folge von Zeit." Gegenwärtig, so Lessing, haben wir fünf Sinne und diese Sinne bestimmen die Grenzen der Vorstellungen der Seele. Aber so wie der Gesichtssinn auf das Licht reagiert, so könnte man sich einen weiteren Sinn vorstellen, der etwa auf Elektrizität oder Magnetismus anspricht, wodurch für uns „eine ganz neue Welt voll der herrlichsten Phänomene entstehen könnte". Wiederum finden wir, daß der Gesichtssinn von seinem platonischen Thron gestoßen und sozusagen degradiert wird.

Ich glaube, daß dieser etwas abstruse Exkurs in das Gebiet der Science Fiction auch Licht auf Lessings umstrittenste Abhandlung, die *Erziehung des Menschengeschlechts,* und die Verbindung seiner religiösen mit seiner ästhetischen Überzeugung werfen kann.[106] Die Abhandlung führt aus, daß Offenbarung sich nur in der Zeit entfalten kann. Es gibt eine ganze Reihe von Vorstufen für Lessings Auffassung, aber die wesentlichste scheint mir die alte Theologische Lehre von der Akkomodation zu sein, nach der die uns unfaßbaren übersinnlichen Wahrheiten durch die metaphorische Sprache der Heiligen Schrift unserem begrenzten Verständnisvermögen angepaßt wurden. In frühen Notizen zum *Laokoon* verweist Lessing auf die orientalische Bildsprache des Alten Testaments und bemerkt trocken, daß in den Ländern im Norden der Heilige Geist andere Bilder verwendet hätte.[107] Wie dies bei Nationen zutraf, so war es auch bei Menschenaltern. So wie die Menschheit erwachsen wird und an Vernunft zunimmt, erscheint Wahrheit weniger im Kleid der Dichtkunst und die Offenbarung nimmt andere Züge an. Sie

---

104 *Aus einem Gedichte an den Herrn M.,* L. M., Bd. I, 243. Zu Lessings Haltung den Naturwissenschaften gegenüber siehe Folke Leander, ebenda, 13.

105 *Dass mehr als fünf Sinne für den Menschen seyn können,* L. M., Bd. XVI, 522. Zu der Anwendung der Ästhetik auf die limitierte Fähigkeit des Geistes, siehe *Hamburgische Dramaturgie,* 70, L. M., Bd. X, 82.

106 Martha Waller, *Lessings Erziehung des Menschengeschlechts* (Germanische Studien, 160), Berlin, 1935, bearbeitet die frühe Literatur; für die folgende siehe Arx, ebenda, 125 ff.; Mann, ebenda, 345 ff.; Schneider, ebenda (der die Annahme, Thaer wäre der Autor gewesen, endgültig entkräftigt hatte); und Chadwick, ebenda, 40 ff.

107 L. M., Bd. XIV, 382.

108 Aus diesem Grund hätte Lessing Hegel (dessen Vorläufer er so oft genannt wurde) nicht weniger heftig zurückgewiesen als Hegel tatsächlich sich von Lessing distanzierte. (Arx, ebenda, 56).

muß immer zu jeder Zeit als vorläufig angesehen werden und sollte irgendeine ihrer Manifestationen oder Bilder als das Ganze und als absolute Wahrheit beansprucht werden, so wäre das ein Mißverständnis des göttlichen Plans.[108]

Was wir über Gott wissen können ist das Sittengesetz, das unsere Gefühle und Handlungen in diesem Leben angeht. Der Liebesauftrag des Hl. Johannes an seine Gemeinde verdient das Beiwort „göttlich" viel mehr als der von allen bewunderte platonische Anfang des Testaments Johannis, so schön er auch sein mag.[109]

Aus dieser Überzeugung heraus machte er sich an *Nathan der Weise*. Wie bekannt, war ihm das Polemisieren verboten worden und er entschloß sich zu dem Versuch, ob er noch immer von seiner alten Kanzel predigen konnte. Es ist charakteristisch für Lessing, daß er kaum zehn Jahre nach seiner Attacke auf die Stücke von Voltaire die Methode und die Botschaft des großen Predigers gegen *le fanatisme* übernahm.[110] „Beneiden" hatte sich in „Nacheifern" verwandelt.

Die Handlung im *Nathan* dreht sich natürlich um die Boccacciofabel von den drei Ringen. Ich hoffe, daß man mich nicht der Übertreibung beschuldigt, wenn ich sie als Geschichte hinstelle, in der das Thema der Eifersucht schließlich gelöst wird. Das wertvolle Erbstück, das der Vater immer seinem Lieblingssohn vermacht, taucht plötzlich in drei identischen Versionen in den Händen der drei rivalisierenden Brüder auf. In Lessings Fassung sollte der echte Ring die geheime Kraft haben, den Träger vor Gott und den Menschen angenehm zu machen. Sie gehen zu Gericht und Lessings Richter weist die Klage aus Mangel an Beweisen zurück.

> Mein Rath ist aber der: ihr nehmt
> Die Sache völlig wie sie liegt. Hat von
> Euch jeder seinen Ring von seinem Vater:
> So glaube jeder sicher seinen Ring
> den echten. . . .
> Und wenn sich dann der Steine Kräfte
> Bey euern Kindes-Kindeskindern äussern:
> So lad' ich über tausend Jahre,
> Sie wiederum vor diesen Stuhl. Da wird
> Ein weisrer Mann auf diesem Stuhle sitzen,
> Als ich: und sprechen. Geht! – So sagte der
> Bescheidne Richter . . .
> Saladin,
> Wenn du dich fühlest, dieser weisere
> Versprochne Mann zu seyn: . . .

---

109 *Das Testament Johannis,* L. M., Bd. XIII, 15.
110 Oehlke, ebenda, Bd. II, 413 f.

Worauf der Sultan auf den Weisen zustürzt, seine Hand ergreift und ausruft:

Ich Staub? Ich Nichts? O Gott![111]

Für mich ist dieser Ausruf immer der ergreifendste Moment im ganzen Stück. Der Weise hat den großen Sultan behutsam zurechtgewiesen und ihn daran erinnert, daß auch er nur ein Mensch ist. Nathan, dessen Frau und sieben Söhne in einem Pogrom verbrannten und der sich trotzdem dem Willen Gottes unterwirft und ein Christenkind adoptiert, hat das Recht, gegen den Hochmut von Menschen zu predigen, die ihre Verbrechen im Namen der Wahrheit begehen.

Aber so wie bei *Minna von Barnhelm* liegt die Tragödie bereits hinter uns. Im Blankvers des Nathan kündigt sich die abgeklärte Geisteshaltung der Klassik in der deutschen Literatur an. Lessing glaubte, daß das Stück eher die Furcht der Polemik als der Inspiration war.[112] Aber nachdem seine Aufmerksamkeit von den abstrakten Problemen der Kunst des Dramatikers abgelenkt war, begann die Quelle in ihm von selbst zu fließen und sprudelte manchesmal echte Dichtung hervor.[113] Die erste Zeile des Monologs des Tempelherrn: „Hier hält das Opfertier ermüdet still"[114] mag als Beispiel dienen. Ich wage zu behaupten, daß es keine andere Zeile im deutschen Drama gibt, die so seltsam ergreifend ist wie dieser Vergleich zwischen dem gequälten Geist und dem erschöpften Tier auf dem Weg zum Opferaltar. Es ist kaum zu weit hergeholt, wenn man darin etwas von der furchtbaren Mattigkeit liest, die Lessing in seinen letzten Jahren der Einsamkeit überkam, nachdem seine Frau nach einem kurzen Ehejahr im Kindbett starb. Er selbst wurde nur 52 Jahre alt.

Es war nicht nur sein äußeres Schicksal, das Lessings letzte Jahre so tragisch gestaltete.[115] Er konnte seinen Drang nie unterdrücken, sich immer gegen die jeweilige Mode zu stellen und so hatte er nichts übrig für den „Sturm und Drang" und seine Geniereligion und seinen Kult der Leidenschaftlichkeit, für den er im Grunde mitverantwortlich war. Wer hätte vorhersagen können, daß der Autor des Siebzehnten *Literaturbriefes* Goethes *Werther*[116] und den revolutionären *Goetz von Berlichingen* schonungs-

---

111 3. Aufzug, 7. Auftritt, L. M., Bd. III, 94–5.

112 An Gebler, 13. Aug. 1779, L. M., Bd. XVIII, 323.

113 Für eine gegenteilige Meinung siehe Garland, ebenda, 145.

114 3. Aufzug, 8. Auftritt, L. M., Bd. III, 98.

115 Nolte hat in seinem biographischen Aufsatz (ebenda, 139) gezögert, Salz in Lessings Wunde zu reiben, aber er findet noch immer etwas wie ein Schuldgeständnis in Lessings tragischem Ausbruch im Brief an Eschenburg (31. Dez. 1777, L. M., Bd. XVIII, 259): „Ich wollte es auch einmal so gut haben, wie andere Menschen." Liegt aber die wirkliche Tragödie nicht darin, daß Lessing sogar dieses Unglück als Strafe für seine Neigung zur Eifersucht empfand?

116 Brief an Eschenburg, 26. Okt. 1774, L. M., Bd. XVIII, 115. Zu Lessings unerwarteter Verteidigung des *Werther* siehe H. Schneider, ebenda, 37.

los kritisieren würde?[117] „Meinen Faust holt der Teufel, aber ich will G.** seinen holen."[118] Er lebte nicht lange genug, um Zeuge zu sein, wie Goethe als echtes Genie seinen Aufruf zur Disziplin akzeptierte und sogar Voltaires *Mahomet* in Weimar inszenierte (was Schiller vor den Kopf stieß),[119] und daß er schließlich seinen Faust mit Helena vermählte. Wenn sich zeigen ließe, daß der Stachel von Lessings Kritik einen Anteil daran hatte, Goethe aus dem nebelverhangenen Brocken in Winckelmanns Hellas zu führen, dann wäre diese paradoxe Tat die eigentliche Krönung eines echt sokratischen Lebens.

Ich glaube nicht, daß ein großer Geist notwendigerweise eine Botschaft für alle Zeiten haben muß. Lessing gehört natürlich mit jeder Faser zum großen Zeitalter der Aufklärung. Aber eben weil er in seiner Zeit so verwurzelt war, widerlegt sein hingebungsvolles Leben jene verführerischen Stimmen, die den heutigen Autor überzeugen wollen, daß der Weg aus dem Elfenbeinturm heraus nur durch ein kompromißloses Bekenntnis zu einem Glauben, einer Partei, einer Fraktion möglich sei. Lessing war immer leidenschaftlich bei der Sache, aber er ließ sich nie festlegen. Schrieb er doch: „Ich hasse alle die Leute, welche Sekten stiften wollen, von Grund meines Herzens. Denn nicht der Irrthum, sondern der sektirische Irrthum, ja sogar die sektirische Wahrheit, machen das Unglück der Menschen; oder würden es machen, wenn die Wahrheit eine Sekte stiften wollte."[120]

---

117 Briefe an Karl Lessing, 30. Apr. und 11. Nov. 1774, L. M., Bd. XVIII, 109 und 117. Vgl. auch B. Rosenthal, ebenda, und F. O. Nolte, ebenda, 116–7.

118 J. H. F. Müller, zitiert bei Biedermann, ebenda, 155.

119 *An Goethe* (1800) ist ein ergreifender Epilog zu den dramatischen Geschehnissen, in denen Lessing eine führende Rolle gespielt hatte. Siehe diesen Band, S. 86.

120 Brief an Karl Lessing, 30. Apr. 1774, L. M., Bd. XVIII, 109.

3. Goethe und die Kunstgeschichte
Der Beitrag Johann Heinrich Meyers*

Was in der Zeiten Bildersaal
Jemals ist trefflich gewesen
Das wird immer einer einmal
Wieder auffrischen und lesen.

(Goethe, Sprüchwörtlich, II 420)

Goethes Reaktion auf das Straßburger Münster im Jahre 1772[1] ist eine der hinreißendsten Schriften über Architektur, die je verfaßt wurden, und als ich unlängst vor dieser Fassade stand, habe ich mich voll Dankbarkeit an sie erinnert. Aber als Kunsthistoriker kann ich Goethes Aufsatz nicht ernst nehmen. Nicht so sehr, weil Goethe, wie so viele andere, von der Benennung „gotisch" verleitet wurde, den Stil des Münsters als deutsche Erfindung zu preisen; aber mußte er so weit gehen, seine französischen Nachbarn mit den Worten herauszufordern: *„Was habt ihr gethan, daß ihr verachten dürft?"* (S. 4) Jeder Franzose hätte die Antwort geben können: *Mon cher jeune homme*, Sie fragen uns, was wir gemacht haben? Nun, wir haben den Stil erfunden, den Sie so besonders bewundern, und Sie sind herzlichst eingeladen, einen Blick auf St. Denis, Notre Dame, die Kathedralen von Amiens, Rheims oder die St. Chapelle zu werfen. Allerdings fürchte ich, daß Sie diese Meisterwerke nie sehen werden und sich mit dem unfertigen Stückwerk des Kölner Doms begnügen werden müssen, den die Brüder Boisserée als Wahrzeichen der deutschen Nation zu Ende führen wollen.

Wie hätte Goethe in seiner Sturm- und Drangperiode auf diese Antwort reagiert? Ich vermute, daß er uns Kunsthistoriker, die er *Kenner* nannte, als Spielverderber empfunden hätte, wenn wir seine Begeisterungsausbrüche unter die Lupe genommen hätten.

Erinnern wir uns an sein Gedicht *Kenner und Enthusiast*, ca. aus dem Jahre 1774:

---

* Veröffentlicht als „Goethe and the History of Art. The Contribution of Johann Heinrich Meyer", in : *Publications of the English Goethe Society*, N. S., vol. LX, 1990/1991.

1 „Von deutscher Baukunst", Goethes sämtliche Werke, Jubiläumsausgabe in 40 Bänden, Stuttgart und Berlin, XXXIII, 3 – 13.

Da führt' ich ihn in die Gallerie
Voll Menschengluth und Geistes;
Mir wird's da gleich, ich weiß nicht wie,
Mein ganzes Herz zerreißt es.
O Maler! Maler! rief ich laut,
Belohn' dir Gott dein Malen!
Und nur die allerschönste Braut
Kann Dich für uns bezahlen.
Und sieh, da gieng mein Herr herum
Und stochert sich die Zähne,
Registrirt in Catalogum
Mir meine Göttersöhne.
Mein Busen war so voll und bang,
Von hundert Welten trächtig;
Ihm war bald was zu kurz, zu lang,
Wägt' alles gar bedächtig.

Da warf ich in ein Eckchen mich,
Die Eingeweide brannten.
Um ihn versammelten Männer sich,
Die ihn einen Kenner nannten.

(Werke, II, 103/4)

Wer hätte voraussehen können, daß der Mann, der diese Zeilen schrieb, eines Tages von der nächsten Generation verspottet wurde, wie etwa von Heine: *An einen ehemaligen Goetheaner*[2]

Hast Du wirklich dich erhoben
Aus dem müssig kalten Dunstkreis,
Womit einst der kluge Kunstgreis
Dich von Weimar aus umwoben?

Es war nett von Heine, Goethe einen *klugen Kunstgreis* zu nennen, denn klug blieb er trotz der notorischen Veränderungen in seinem Geschmack und seiner Kunstanschauung.

Unter Goethes autobiographischen Betrachtungen über dieses Thema fand ich keine aufschlußreicher als die *Konfession des Verfassers* in seinen *Materialien zur Geschichte der Farbenlehre*. Es war gerade der Erfolg seiner dichterischen Versuche, so schreibt er, der ihm zur Einsicht verhalf, daß seine Produktion rein „instinktartig" war, so daß er nach einer Stelle suchte, von der aus er sein Schaffen aus einer gewissen Entfernung übersehen und beurteilen könnte. Nichts hätte ihm dazu besser dienen können als die Malerei, die er seit seiner Kindheit übte, ohne ihrer Grundlagen sicher zu sein.

Je weniger also mir eine natürlich Anlage zur bildenden Kunst geworden war, desto mehr sah ich mich nach Gesetzen und Regeln um; ja ich achtete weit mehr auf das

2 Zeitgedichte 4 (1832), Heines Werke in fünfzehn Teilen, II 95.

Technische der Malerei, als auf das Technische der Dichtkunst; wie man denn durch Verstand und Einsicht dasjenige auszufüllen sucht, was die Natur Lückenhaftes an uns gelassen hat.

(Werke, XL, 306)

Aus dieser Situation heraus war er zur Erkenntnis gekommen, daß Lesen allein ihn nie genügend zufriedenstellen würde – nur eine Reise nach Italien könnte das tun.

Ich darf hier einen der ersten Briefe, den er nach seiner Ankunft in Padua im September 1786 schrieb, zitieren:

In der Kirche der Eremitaner habe ich Gemälde von Mantegna, eines der älteren Maler, gesehen, vor denen ich erstaunt bin! Was in den Bildern für eine scharfe, sichere Gegenwart ist, läßt sich nicht ausdrücken. Von dieser ganzen, wahren (nicht scheinbaren, effektlügenden, zur Imagination sprechenden), derben, reinen, lichten, ausführlich, gewissenhaften, zarten, umschriebenen Gegenwart, die zugleich etwas Strenges, Emsiges, Mühsames hatte, gingen die folgenden aus, wie ich gestern Bilder von Tizian sah, und konnten durch die Lebhaftigkeit ihres Geistes, die Energie ihrer Natur, erleuchtet von dem Geiste der Alten immer höher und höher steigen, sich von der Erde heben und himmlische, aber wahre Gestalten hervorbringen. Es ist das die Geschichte der Kunst, und jedes der einzelnen, großen, ersten Künstler nach der barbarischen Zeit.[3]

Die wunderbare Kunst der sprachlichen Charakterisierung gehört natürlich Goethe an, aber die Zusammenfassung, *Es ist das die Geschichte der Kunst*, geht auf einen Autor zurück, von dem man nicht erwartet hätte, daß Goethe beim Anblick von Mantegna an ihn dachte, nämlich Winckelmann.

Wir dürfen nicht vergessen, daß Winckelmanns *Geschichte der Kunst des Alterthums* nicht nur eine archäologische Untersuchung, sondern auch ein Lehrgebäude darstellt und als solches von unschätzbarem Wert für Goethe in seiner Suche nach feststehenden Grundsätzen war. Ich habe an anderer Stelle zu zeigen versucht, wie sehr Winckelmanns Interpretation der Entwicklung der griechischen Kunst von seinem Bild des Wiederauflebens der Künste in der italienischen Renaissance gefärbt war, eine Ansicht, die er größtenteils von Vasari übernommen hatte.[4] In dieser Deutung waren die moralischen Werte, die Goethe betonte, stets fühlbar. Die antiken Künstler und die der Renaissance hätten eine solche Höhe erreicht, weil sie so mühsam arbeiteten und so gewissenhaft auf Details eingingen. Das ist die Auffassung der Kunstgeschichte, von der Goethe sprach und mit diesen Winckelmann'schen Ideen in seinem Kopf traf er wenige Wochen später auch in Rom ein, um die Grundlagen der Kunst zu studieren, ein Studium, in das er sich, wie wir wissen, so vertiefte, daß er den ganz unrealistischen Plan faßte, Maler zu werden – eine kühne Entscheidung für einen Mann, der *il mezzo del camin di nostra vita* hinter sich hatte.

---

3 *Goethes Tagebuch der italienischen Reise*, hsg. v. Heinrich Schmidt, Jena, Leipzig, 1925, S. 84–5.
Die Version in der *Italienischen Reise* zeigt nur kleine stilistische Veränderungen.

Ich will nicht entscheiden, wie weit er je diesen Plan ernst nahm, aber er ließ es doppelt dringend erscheinen, die Gesellschaft von Berufsmalern zu suchen, die ihn in seinen Lehrjahren anleiten könnten. Einer von ihnen war der Schweizer Johann Heinrich Meyer (1760–1832), der elf Jahre jünger als Goethe war. Meyer hatte bei Füssli studiert und war anschließend nach Rom gekommen, um die Kunst an der Quelle zu studieren. Er war ein typischer Vertreter der klassizistischen Generation, kein großer Meister, aber auch kein Stümper.[5] Ihr Zusammentreffen in Rom kurz nach Goethes Ankunft wurde der Anfang einer Freundschaft, die mehr als 46 Jahre bis zu Goethes Tod andauerte. Ja, so eng waren ihre Beziehungen, daß jede Untersuchung über „Goethe und die Kunstgeschichte“ unweigerlich zu einer Untersuchung über „Meyer und die Kunstgeschichte“ oder genauer gesagt über „Goethe und Meyer“ werden muß. Es ist ja wohlbekannt, daß Meyer in der Folge allgemein verketzert wurde, seit er im Jahre 1817 seinen Angriff auf die deutschen Nazarener oder richtiger gesagt, seine Kritik an den deutschen Nazarenern veröffentlichte, die die Künstler der Romantik und ihre Bewunderer ihm bis heute nicht verziehen haben.[6] Wer Goethes Kunstanschauung nicht explizite angreifen will, hat stets im *Kunschtmeyer* einen Prügelknaben zur Hand.

Nicht, daß es ihm an Verteidigern fehlte. Vor über hundert Jahren zollte ihm Paul Weizsäcker im Vorwort zu seiner Auswahl aus Meyers Werken *Kleine Schriften zur Kunst* (1886)[7] die gebührende Anerkennung und zeigte, daß er nicht nur bei Goethe, sondern auch bei vielen anderen Mitgliedern des Weimarer Kreises in hohem Ansehen stand. Im Jahre 1921 verfaßte Wilhelm Waetzoldt eine kühle, aber äußerst gerechte Würdigung Meyers in seinem ausgezeichneten Buch *Deutsche Kunsthistoriker.*[8] Zu dieser Zeit waren die drei Bände des Goethe-Meyer-Briefwechsels bereits veröffentlicht, aber erst 1974 kam es zur Bekanntmachung der wichtigsten Quelle, nämlich des Manuskripts von Meyers *Kunstgeschichte*[9], die Goethe angeregt und eigenhändig überarbeitet hatte. Leider verstarb der Herausgeber Helmut Holtzhauer vor Beendigung des projektierten Begleitbandes, so daß wir uns zumindest für eine Weile mit dem begnügen werden müssen, was aus dem Briefwechsel

---

4 *The Ideas of Progress and Their Impact on Art,* Privatdruck für die Cooper Union, New York, 1971, auf deutsch *Kunst und Fortschritt, Wirkung und Wandlung einer Idee.* Köln, 1978.

5 *Zeichnungen von J. H. Meyer,* hsg. v. Hans Wahl, Schriften der Goethe-Gesellschaft, XXXIII 1918.

6 Siehe unten.

7 *Deutsche Literaturdenkmale des 18. und 19. Jahrhunderts,* hsg. v. Bernhard Seuffert, 25. Heilbronn, 1886.

8 Leipzig, 1921, I, S. 179–199.

9 Johann Heinrich Meyer, *Geschichte der Kunst,* bearbeitet und herausgegeben von Reiner Schlichting und Helmut Holtzhauer, Schriften der Goethe-Gesellschaft LX, Weimar, 1974.

zwischen Goethe und Meyer[10] über die Ursprünge, die Vorbereitung und das enttäuschende Schicksal dieser Arbeit hervorgeht.

Vorausschickend möchte ich die Beachtung, die dieser Freundschaft gebührt, durch drei Auszüge aus der Korrespondenz belegen. Am 18. März 1797 schrieb Goethe nach Gesprächen mit Humboldt, Fichte und Schiller aus Jena an Meyer.

Bey manchen dieser Verhandlungen werden Sie recht lebhaft gewünscht, wie noch Schiller gestern Abend that, indessen ich mich herzlich zu Ihnen sehne, um durch Anschauung so mancher herrlichen Formen mich wieder zu beleben. Denn für uns andere, die wir doch eigentlich zu Künstlern geboren sind, bleiben doch immer die Speculation so wie das Studium der elementaren Naturlehre falsche Tendenzen, denen man freylich nicht ausweichen kann, weil alles, was einen umgibt, sich dahin neigt und gewaltsam dahin strebt. Leben Sie recht wohl, nächstens mehr.

(Briefwechsel I 434)

Noch rührender ist ein Brief nach sechs Wochen, in dem Goethe Meyer von der Aufnahme von *Hermann und Dorothea* bei seinen Freunden schreibt.

... meine hiesigen und benachbarten Freunde sind wohl damit zufrieden, und es kommt hauptsächlich noch darauf an: ob es auch vor Ihnen die Probe aushält. Denn die höchste Instanz, vor der es gerichtet werden kann, ist die, vor welche der Menschenmahler seine Compositionen bringen, und es wird die Frage seyn, ob Sie unter dem modernen Costüm die wahren, echten Menschenproportionen und -gliederformen anerkennen werden.

(Briefwechsel I 438)

Dreißig Jahre später schrieb Goethe, damals in seinem achtzigsten Lebensjahr, am 1. März 1829 an Meyer: *Es wird mir nach und nach ganz unerträglich Sie nicht zu sehen und zu sprechen.* (Briefwechsel III 183/4)

Sehen wir uns zunächst die Umstände dieser Symbiose an: Nachdem Goethe im August 1789 Italien verlassen hatte, bot er Meyer einen Vorschuß an, um damit eine zweijährige Verlängerung seines Aufenthaltes in Italien zu ermöglichen; anschließend daran sollte er eine Professur an der *Freien Zeichenschule* in Weimar antreten. (Briefwechsel I 43). Inzwischen aber bat Meyer Goethe um Erlaubnis, auf eine Zeit in seine Heimatstadt Stäffa am Zürichsee zurückzukehren. Obwohl er oft als biederer Schweizer hingestellt wird, litt er häufig an Krankheiten und schweren Depressionen, die gewiß mit dem Scheitern seiner Ambition, als schöpferischer Künstler anerkannt zu werden, zusammenhängen.[11] Sein Selbstporträt (T. 2) bestätigt den Eindruck eines leidenden Menschen.[12] Er kam erst

---

10 *Goethes Briefwechsel mit Heinrich Meyer,* hsg. v. Max Hecker, I. Weimar, 1917, II. Weimar, 1919, III. Weimar, 1922. Schriften der Goethe-Gesellschaft XXXII–XXXIV, XXXV, zitiert in der Folge als *Briefwechsel.*

11 Vgl. sein rührendes Geständnis in einem Brief an Ludwig Vogel im Jahre 1817, im Vorwort des *Briefwechsel,* I, xxi – xxii.

12 Abgebildet bei Seuffert, vgl. Fußnote 7.

im Jahre 1791 nach Weimar, wo er im Hause Goethe mehr als zehn Jahre bis zu seiner Verehelichung im Jahre 1802 wohnte. Die 1.292 Seiten ihres Briefwechsels sind nicht nur angefüllt von Alltagskram, sondern sie geben uns auch ein ungewöhnlich lebendiges Bild ihres Lebens: Meyers Einfluß auf die Möblierung und Ausstattung des Goethe'schen Hauses und des Schlosses, die Angelegenheiten der Zeichenschule, sein Anteil an der Tätigkeit Goethes als Herausgeber, die Ankäufe für seine Sammlung von Münzen, Gemmen und Graphik und nicht zuletzt auch ihre Stellung als Höflinge. Ein Beispiel dazu aus einem Brief von Goethe aus Dornbusch im Jahre 1828 an Meyer:

> Gegenwärtiges wünsche mit meinen Kindern nach Weimar zu spedieren; daher wird mir schließlich zur Pflicht, Sie, mein Werthester, dringend zu ersuchen, mich höchsten Ortes treu-angelegentlichst zu empfehlen, zugleich mir fortgesetzte, unschätzbare Huld und Gnade zu erbitten.
>
> (Briefwechsel III 174)

Aus einem Brief von Meyer vom 7. Juni 1793 erfahren wir, daß die Herzogin seinen ursprünglichen Plan, eine Kunstgeschichte zu schreiben, gutgeheißen hatte, obwohl die entscheidenden Impulse dazu wahrscheinlich von Herder stammten:

> Herder besonders und auch die Herzogin legen mir's nahe, das Bekannte über die alten Monumente zum Behuf der Kunstgeschichte weiter auseinander zu setzen. Da Sie nun den ganzen Plan und Wesen wissen, so sagen Sie mir doch gelegentlich, ob es Ihnen der Mühe werth scheint. Etwas Vollständiges und Sicheres kann unter gegenwärtigen Umständen nicht gesagt werden. Es dient bloß, um andre aufmerksam zu machen, und wär freylich gut, wann's ausgesprochen wäre. Aber wir haben, mein' ich, mehr zu thun, und will besser gelingen, durch Formen als Zeichen zu sprechen.
>
> (Briefwechsel I 67)

Meyer war sich der Wissenslücken nur zu sehr bewußt, auf die hier angespielt wurde, weil Goethe von allem Anfang gewünscht hatte, daß er *die Geschichte des Kolorits* in der Malerei studiere, und obwohl er schließlich darauf einging, fand er das Thema genauso schwierig, wie wir es heute noch finden.

Gewiß haben wir auch Fortschritte gemacht, denn einige Wissenslükken in Meyers Berichten aus Dresden aus dem Jahre 1794 bereiten uns keine Schwierigkeiten mehr; obwohl er sich sicherlich gut bei den Monumenten und Gebäuden in Rom auskannte, mußte er als Kunsthistoriker ganz von vorne anfangen. Ich zitiere diese frühen Zeugnisse nicht, um Meyer lächerlich zu machen, sondern gerade um seinen Fortschritt über die Jahre hinweg zu dokumentieren. Bei der Beschreibung einer Kunstsammlung erwähnt er

> Eine ganz vortreffliche halbe Figur, welche der Besitzer für einen Rembrandt gibt und in England unter Giorgions Nahmen in Kupfer gestochen ist. Ich weiß nicht, was ich dazu sagen soll, meine Kenntnis von Rembrandts Kunst ist zu gering, aber ich zweifle, daß er in einem so gar großen Sinn und Geist hat mahlen können.

(Briefwechsel I 84)

Auch war das allgemeine Publikum in Deutschland in den frühen neunziger Jahren einfach nicht so weit, den Meister, für den Goethe solch ergreifende Worte gefunden hatte, richtig einzuschätzen. Meyer berichtet:

Es gibt hier auf der Gallerie eine Verkündigung von Andreas Mantegna, und es ist lustig, wie die Leute, um ihren Geschmack zu zeigen, sich darüber zu entsetzen scheinen und ihre Augen mit Abscheu davon wegwenden.

(Briefwechsel I 128)

(Ob der Stein des Anstosses von Mantegna war, sei dahingestellt. Wir wissen von keiner Verkündigung von Mantegna, weder in Dresden noch anderswo.)

Ein Brief aus München vom 20. Oktober 1795 zeigt, wie schwer es Meyer war, sich im Labyrinth des Kennertums zurechtzufinden. Er hörte, daß ein Bild, das er als ein Meisterwerk von Giulio Romano ansah, von einem Münchner Experten einem unbekannten Niederländer zugeschrieben wurde – was uns nicht überrascht, denn wir assoziieren den Gegenstand „Christus segnet die kleinen Kinder" im allgemeinen nicht mit Giulio Romano.[13] Auf jeden Fall schrieb Meyer

Denn ich sehe die Schwierigkeiten und das Ungewisse von der Kenntniß und Wissenschaft der Manieren der Meister täglich mehr ein. Dieses scheint mir in der Kunst ohngefähr wie in der Medicin das Urinbeschauen, beydes ein wenig eitel und gefährlich.

(Briefwechsel I 141/2)

Die trostreiche Antwort, die ihm Goethe am 16. November 1795 zukommen läßt, sollte auch heute von uns Kunsthistorikern beherzigt werden:

Merkwürdig ist der Fall mit dem Bilde, das Sie Julius Roman zuschreiben; allein wenn man bedenkt, wie viel Menschen in der Kunst sich redlich bemüht und unsäglichen Fleiß aufgewendet haben, so kann freylich der Fall öfter kommen, daß einer durch besonderes Glück und Anstrengung in einem einzelnen Fall etwas Vorzügliches geleistet habe, dessen Nahme durch keinen Complex von Arbeiten berühmt geworden ist.

(Briefwechsel I 146)

Für die beiden folgenden Jahre 1796 und 1797 ist der Briefwechsel besonders ergiebig, denn Meyer hatte sich nach Florenz begeben, wo er Goethe erwartete und wo er mit der Geschichte der florentinischen Kunst vertraut werden wollte. Auch hier war er zunächst gewiß ahnungslos. Nachdem er fünf Gemälde, auf Goldgrund gemalt, in einem abgelegenen Raum in einem Gasthaus bei Siena entdeckt hatte, schrieb er am 24. Juni 1796: „Ich müßte mich sehr irren, wenn sie nicht von Giotto wären." (Briefwechsel I 273). Vielleicht waren sie von Giotto, aber sehr wahrscheinlich ist das nicht.

---

13 Laut Indexband zum *Briefwechsel* ging das Gemälde anscheinend nach Schleisheim.

Auch wenn Meyer etwas zu selbstsicher war, so gereicht es ihm doch zur Ehre, daß sein Vertrauen in den Winckelmann'schen Schematismus nach seinem Besuch in der Brancaccikapelle, wo er die Masacciofresken im Juli 1796 gesehen hatte, stark erschüttert wurde.

Wenn man die Zeit betrachtet, da diese Bilder gemahlt worden, so läßt sich soetwas gar nicht denken, nicht beschreiben, man muß es nur sehen, erstaunen und schweigen. Alle vernünftige Idee, die man sich von einem Gang und Steigen der Kunst, von gesammelten Erfahrungen, von Theorien und Regeln, die sich auf jene Erfahrungen gründen, machen kann, wird vor diesen Bildern, möcht ich sagen, zernichtet. Nahe an den Zeiten der Kindheit der Kunst sieht man hier einen Mann aufsteigen, der, da seine Zeitgenossen noch mit der Barbarey ringen, bloß durch die Kraft überschwänglicher Naturgaben ein ganz Jahrhundert überspringt und empirisch jetzt das macht, was das Nachdenken und die Forschung von drey, vier oder mehr Generationen beschäftigen wird, es in Regeln zu bringen und Lehrsätze daraus zu formen.

(Briefwechsel I 282)

Goethe, der an seiner Übersetzung der Selbstbiographie von Cellini[14] arbeitete, hörte nie auf, Meyer anzuspornen:

Studieren Sie sich ja recht in die alten Florentiner und nehmen Sie, wie Sie es bisher gethan haben, ja immer das Würdigste zuerst, und alsdann, wie es Gelegenheit und Laune gibt, nehmen Sie das übrige, subordinierte Kunstwesen gelegentlich mit; suchen Sie das, was sich auf Ihre Person bezieht, was Ihrer Neigung zunächst liegt, was nach Ihrer Schätzung den höchsten Werth hat, zuerst zu ergreifen; gehen Sie, wie Sie es immer thun, zuerst in die Tiefe, arbeiten Sie sich selbst zu Dank, und Sie werden für andere, für mich und für unsern Zweck immer vollkommen sicher arbeiten. Das Einzige bitte ich: setzen Sie sich gegenwärtig in Florenz fest und gehen von da nicht ohne dringende Ursache weg, in kurzem müssen sich die allgemeinen Verhältnisse entscheiden, und unsere besondern werden dann auch dadurch ihre Bestimmung erhalten; genießen Sie ja der köstlichen Tage unter den florentinischen Kunstwerken, die mir jetzt bey der Übersetzung vom Cellini so lebhaft vor Augen stehn.

(Briefwechsel I 299)

Goethe verließ sich allerdings nicht auf Meyer allein: er nahm sich das Buch des Pioniers der Kunstgeschichte in Deutschland, des Professors Johann Domenico Fiorillo in Göttingen, vor:

... ich habe die Geschichte der neuern Kunst von Fiorillo stückweise vor mir, von der ich nur so viel sagen kann: daß sie viel Neigung zur Sache, auch eine gute Belesenheit verräth, aber ich müßte mich sehr irren, oder das Ganze muß unglaublich kraftlos werden. Wenn man darin liest, so erfährt man etwas, aber man schaut nichts an;[15]

(Briefwechsel I 330)

In dieser Beziehung erwies sich Meyer gewiß überlegen, als er Goethe einen kurzen Überblick über seine bisherigen Beobachtungen im September 1796 zusandte, was besonders beachtenswert erscheint, da er ja aus der

---

14 Zum ersten Mal erwähnt im Briefwechsel I 190, 8. Februar 1796.

15 Meyers Antwort vom Oktober 1796, vgl. *Briefwechsel I 368.*

Feder des Mannes stammt, der dereinst von den Nazarenern als Erzreaktionär verketzert werden sollte:

Wir bewundern den Ghiberti in seinen Thüren von Bronze, aber es sind in der Kirche St. Lorenzo zwey Canzeln mit Basreliefs ebenfalls von Bronze geziert, Arbeiten des Donatello, worin er einen höhren Geist, glücklichern Genius zeigt. Dem della Robbia gebührt gleich nach diesen vorzüglichen Männern eine Stelle; seine Invetriati sind allerliebst, voll Geschmack und Verstand. Im Lippi war ein hoher, dichterischer Geist, und vielleicht hat nie einer die Natur so treu nachgeahmt wie Domenico Ghirlandajo. Dich aber, du guter, stiller Perugino, dich scheinen der Friede und die Sanftmuth selbst den Pinsel führen gelehrt zu haben! Er führt uns in die Wohnungen seliger Menschen, die fromme Werke üben, denen sanfte Empfindungen der Huld und reiner, himmlischer Liebe den Busen schwellen. Bey den Serviten ist eine Maria auf dem Thron und Heilige zur Seiten, wunderschön lieblich und sanft, und ein noch schöneres Bild ist bey den Nonnen zu Santa Chiara: der Leichnam Christi wird von seinen Freunden beweint.[16] Es ist dieses das Zierlichste, so ich je von Peter Perugin gesehen: Formen, deren sich Raphael selbst in seinen frühern Bildern nicht zu schämen haben würde, und eine solche Wahrheit des Ausdrucks, solche Zärtlichkeit und Liebe, die nicht genug zu schätzen ist.

(Briefwechsel I 342)

Auch seine Begeisterung für Fra Angelico nimmt schon die Haltung Wackenroders[17] (übrigens eines Fiorilloschülers) vorweg, dessen „Herzensergießungen“ erst im nächsten Jahr veröffentlicht wurden. Am 13. Oktober sah Meyer in der Kirche San Domenico in Fiesole (T. 3)

das schönste Gemählde des seligen Fra Angelico da Fiesole[18]: Christus, welcher auf einem Throne sitzt und die vor ihm kniende Maria krönt. Zu beyden Seiten stehen lobsingende Engel und andere, welche auf Instrumenten spielen, nebst vielen Heiligen. In gewisser Rücksicht ist dieses Bild ein Hauptstück der Kunst; denn solche Sanftmuth, solche selige Stille, das Heitere und Heilige oder Fromme, welches dieses Bild hat, habe ich noch nie gesehen. Lesen Sie doch das, was Vasari davon sagt; sein Urtheil oder vielmehr Lobschrift ist verständig und wahr.

(Briefwechsel I 361)

Meyer fühlte, daß er einen Erfolg nach dem anderen erzielte. So schrieb er am 21. November 1796:

Ich sehe, so wie ich studiere, daß in der neuern Kunstgeschichte bloß einige Hauptpuncten zu bestimmen sind; hernach füllen sich die Zwischenräume sehr leicht aus. Es ist nur schlimm, daß man alles sehen und studieren muß.

(Briefwechsel I 395)

ein Gefühl, das wir alle teilen.

Da er sich nun ein wenig Oberflächlichkeit leisten wollte, schrieb er

---

16 Das Bild ist jetzt in den Uffizien in Florenz.

17 *Herzensergiessungen eines kunstliebenden Klosterbruders,* Berlin, 1797. Meyer kommentierte am 22. November 1799: „Der Klosterbruder ist zwar keine Speise für uns, allein es ist viel Nachfrage danach.“ *Briefwechsel* II 116.

18 Das Bild ist jetzt im Louvre, nachdem es von den napoleonischen Truppen entwendet worden war.

am 21. Dezember 1796, daß nun seine Aufgabe im Wesentlichen erledigt war:

... wenn man sich aber mit einer billigen Leichtigkeit über alles abfinden läßt, so nähert sich meine Arbeit der Vollendung. Ich habe hauptsächlich die Pfeiler, auf denen das ganze Gebäude der neuern Kunst ruht, auf meinen Plan zu verzeichnen getrachtet, und zwar so genau umrissen wie möglich: den Giotto, den Andreas Pisani, den Orgagna und den Urheber des Colorits, Lorenzo di Bicci, hernach den Ghiberti und den Donato und unseren Masaccio, den Lippi, den Ghirlandajo, den zartfühlenden Peter Perugin und einen Bildhauer, der von allen das Eisen am weichesten und lieblichsten geführt hat, er heißt Rosselini, Fra Bartolommeo und Michel Angelo und Andreas del Sarto.

(Briefwechsel I 408)

Er wollte mit seiner Ausbeute in sein Heimatland zurückkehren und schrieb daher im Juni 1797 an Goethe:

Sollte mir, wie ich hoffe, die Reise aufhelfen, Kräfte und bessere Gesundheit verleihen, so gedenke ich meine Zeit in der Schweiz, wenn es gelingt, auf einen Entwurf der Geschichte der neuern Kunst zu verwenden von Cimabue an bis auf Raphael; es gehört dieses doch auf alle Fälle mit in unsern größern Plan, weil ohne eine solche Geschichte alle Beschreibungen dunkel bleiben müssen. Niemand hat wohl so viel hierüber gesammelt, als ich habe, und wird die Sache auch, bis wir uns sehen, nur aus dem Gröbsten gearbeitet, so ist's schon ein Vortheil.

Berichten Sie mich, wenn Sie anderer Meinung sind oder etwas anderes für besser oder nothwendiger halten sollten.

(Briefwechsel I 457)

Es braucht wohl nicht erwähnt zu werden, daß Meyer, wie jeder von uns, bald entdeckte, daß die Sache nicht ganz so leicht war, als er geglaubt hatte. Zwei Monate später teilte er am 4. August 1797 Goethe mit:

... Es ist schwieriger, als ich mir es vorgestellt habe, eine Form zu finden, wo besonders die Baukunst in ihrem Gang neben den andern fortlaufen kann; denn sie ist fast wesentlich von der anderen unterschieden und ihre Cultur hängt von andern Umständen ab und hält nicht gleichen Schritt mit jenen.[19]

(Briefwechsel II 22)

Trotzdem setzte Goethe große Hoffnungen in das Projekt. Er reiste in die Schweiz zu Meyer, und die beiden planten weit voraus. In einem Brief an Böttiger vom 25. Oktober 1797 pries Goethe Meyers detailliertes Wissen antiker und mittelalterlicher Kunstdenkmäler: „Sie werden erstaunen und sich erfreuen, wie eine Kunstgeschichte aus den Trümmern gleichsam wie ein Phoenix aus einem Aschenhaufen aufsteigt.[20]

Um auch diese Pläne zu fördern, gründete Goethe die Zeitschrift *Die Propyläen*, deren drei Bände zwischen 1798 und 1800 erschienen. Meyer

---

19 Am 13. Januar 1797 hatte Meyer in seinem Brief an Goethe vom Geist des gotischen Stils geschrieben, der weiterhin in der florentinischen Architektur des 15. Jahrhunderts auftrat. Briefwechsel I 410.

20 Zitiert in der Einleitung von Weizsäcker zu Meyers *Kleine Schriften, S. xxx/xxxi.*

steuerte drei ausführliche Studien bei, eine über Raphaels Gemälde im Vatikan, eine über Masaccio und seine Schüler und eine ausgezeichnete Beschreibung von Mantua und seinen Kunstschätzen, insbesondere von Giulio Romanos Palazzo del Te.[21]

Dazwischen hatte Goethe Zeit gefunden, seine *Lebensbeschreibung des Benvenuto Cellini* mit einem meisterhaften *Anhang zur Lebensbeschreibung* zu ergänzen, wohl eine der Inkunabeln der *Kulturgeschichte der Renaissance*. Zwar ist sein Beitrag über den kunstgeschichtlichen Hintergrund nur kurz, aber er verstand es meisterhaft, den Leser unmittelbar in die Materie einzuführen. Zunächst führt er die Künstler an, die im Jahre 1500, dem Geburtsjahr Cellinis, lebten -

Gentile Bellin,
Johann Bellin,
Luca Signorelli,
Leonard da Vinci,
Peter Perugin,
Andreas Mantegna,
Sansovino,
Fra Bartolommeo,
Franz Rustici,
Albrecht Dürer,
Michel Angelo,
Balthasar Peruzzi,
Tizian,
Giorgione,
Raphael,
Andrea del Sarto,
Primatizzio,
Franz Penni,
Julius Roman,
Correggio,
Polidor von Caravaggio,
Rosso,
Holbein,

dann die Künstler, die im ersten Viertel des 16. Jahrhunderts geboren wurden

Perin del Vaga,
Parmegianin,
Daniel van Volterra,
Jacob Bassan,
Bronzin,
Franz Salvati,
Georg Vasari,
Andrea Sciavone und
Tintoret,

und fügt optimistisch hinzu:

Der unterrichtete Leser rufe sich die Eigenschaften dieser Männer summarisch in Gedanken zurück, und er wird über das Gedränge von Verdiensten erstaunen, welches jene Epoche verschwenderisch hervorbrachte.

Schließlich bietet er in seiner unnachahmlichen Sprache seine eigene Kurzfassung Vasaris:

Cimabue ahmt die neuen Griechen nach, mit einer Art dunkler Ahnung, daß die Natur nachzuahmen sei. Er hängt an der Tradition und hat einen Blick hinüber in die Natur, versucht sich also hüben und drüben.

21 Ich habe auf diesen wichtigen Beitrag in meiner Einleitung im Katalog der Giulio-Romano-Ausstellung in Mantua im Jahre 1989 hingewiesen.

Giotto lernt die Handgriffe der Malerei von seinem Meister, ist aber ein außerordentlicher Mensch und erobert das Gebiet der Natur für die Kunst.

Sein Nachfolger, Gaddi und andere, bleiben auf dem Naturweg.

Orgagna hebt sich höher und schließt sich an die Poesie, besonders an die Gestalten des Dante.

Brunelleschi, Donato und Ghiberti, drei große Männer, ergreifen dem Geist und der Form nach die Natur und rücken die Bildhauerkunst vor. Der erste erfand vielleicht die Gesetze der Perspektive, wenigstens benutzt er sie früh und befördert diesen Theil der Kunst, worauf denn aber leider eine Art technischer Raserei, das Eine Gefundene durch alle Bedingungen durchzuarbeiten, fast hundert Jahre dauert und das ächte Kunststudium sehr zurücksetzt.

Masaccio steht groß und einzig in seiner Zeit und ruckt die Malerei vor. Alles drängt sich nun, in der von ihm gemachten Kapelle zu studiren, weil die Menschen, wenn sie auch das Rechte nicht deutlich verstehen, es doch allgemein empfinden. Masaccio wird nachgeahmt, in sofern er sich der Natur, in Gestalt und Wahrheit der Darstellung nähert, ja sogar an Kunstfertigkeit übertroffen vom ältern Lippi, Botticelli, Ghirlandajo; welche aber Alle in der Naturnachahmung stecken bleiben.

Endlich treten die großen Meister auf, Leonard da Vinci, Fra Bartolommeo, Michel Angelo und Raphael.

(Werke XXXII 222–224)

Goethe fährt mit der Beschreibung der Kartons von Leonardo und Michelangelo für die Fresken im Rathaus von Florenz fort und korrigiert hauptsächlich mit Hilfe zeitgenössischer Quellen die von Cellini fälschlich identifizierten Themen.[22]

Bald nach der Veröffentlichung hören wir wieder von einem Projekt Meyers. Am 31. März 1804 schreibt ihm Goethe:

Diese Tage habe ich angefangen, Ihre Kunstgeschichte durchzugehen, werther Freund, und mich abermals daran erfreut. Nun sind die Stellen wegen der Medailleurs zu suppliren, wozu Sie schon im Einzelnen bey Gelegenheit meiner Sammlung vorgearbeitet haben.[23]

(Briefwechsel II 159)

Die Weimarer Kunstfreunde, (WKF) wie sich Goethe, Meyer und ihre Kollegen selbst in ihren Publikationen nannten, spürten im Umgang mit der Kunstgeschichte bereits Boden unter den Füßen. Das bezeugt Goethes Bericht in den *Annalen* für das Jahr 1805 über Diskussionen, die sie mit dem berühmten klassischen Philologen Friedrich August Wolf hatten, der ihrer Arbeitsgemeinschaft für die Herausgabe der Winckelmannbriefe beigetreten war. Goethe berichtet, daß Wolf keinen historischen Beweis, der nicht auf Texten gründete, gelten ließ, während sie die Ansicht vertra-

---

22 Ich bedanke mich bei Herrn Professor Nicolai Rubinstein, der Goethes Schlußfolgerung bestätigte.

23 Der Hinweis kann sich möglicherweise auch auf Meyers *Entwurf einer Kunstgeschichte des 18. Jahrhunderts* beziehen, die in dem von Goethe herausgegebenen Band *Winckelmann und sein Jahrhundert* (Tübingen 1805) erschien.

ten, daß Kunstwerke ebenso gültige historische Informationen liefern konnten:

Aber eben aus diesem hartnäckigen Konflikt gieng für uns der bedeutende Vortheil hervor, daß alle die Argumente für und wider auf das entschiedenste zur Sprache kamen und es denn nicht fehlen konnte, daß Jeder, indem er den andern zu erleuchten trachtete, bei sich selbst auch heller und klarer zu werden bestrebt sein mußte.

(Werke XXX 153)

Diese feste Überzeugung äußert sich auch in Goethes ärgerlichen Bemerkungen über das Buch von Stieglitz *Die alten Münzen mit Kunstsinn zu behandeln*: in seinem Brief an Meyer im Mai 1809 schreibt er, daß zwar viel Wissen und guter Wille vorhanden ist,

nur fehlt leider, wovon eigentlich die Rede ist. Wie Kunst zur Sprache kommen sollte, ist gleich wieder nur Geschichtliches da.

(Briefwechsel II 230)

Und doch war und blieb der Umgang mit Kunst für Goethe eine tiefe Notwendigkeit. So schrieb er aus Jena im August 1809 an Meyer:

Schicken Sie mir die Kupferstiche, die Sie für mich aussuchen wollten. Ich bedarf solcher guter Geister, die aus dem tiefen Kunstgrunde der Vorzeit hervor steigen.

(Briefwechsel II 238)

Gewiß mußten Goethe und Meyer darunter gelitten haben, daß so viele mehr – oder minder – relevante Anforderungen an ihre Zeit dem Fortschritt am liebgewordenen Projekt entgegenstanden. Sowohl die Veröffentlichungen über Winckelmann, dann die Arbeit an der Herausgabe der Schriften Philipp Hackerts, als auch der *Farbenlehre* erforderten Meyers Mitarbeit, und so hören wir erst wieder in der Korrespondenz im Jahre 1812 von seiner *Kunstgeschichte.*[24] Im Januar hatte sich Goethe entschuldigt, daß er noch keine Zeit zum Lesen gehabt hätte (Briefwechsel II 299), aber einige Monate danach ersucht er seinen Freund, das Manuskript nach Karlsbad mitzubringen (Briefwechsel II 315). Wir wissen aus den weiteren Briefen und Goethes Tagebucheintragungen, daß er sorgfältig die von einem Kopisten angelegte Reinschrift durchsah (Briefwechsel II 315). Als geschulter Herausgeber ging er so weit, Meyers Stil ab und zu mit roter Tinte zu korrigieren, wie dies klar aus den von Holzhauer publizierten Tafeln ersichtlich ist, so daß wir den Text zumindest teilweise als Goethes eigenen ansehen können. Sein Enthusiasmus kommt in einem Brief an Zelter am 17. Mai 1815 zum Ausdruck, wenn er über Meyer schreibt:

Seine eigne Kunstgeschichte, von den ältesten bis auf die neuesten Zeiten, ist auch schon am Anfang bis zu Ende entworfen und in einzelnen Teilen meisterhaft ausgeführt. Das Verdienst solcher Männer wie Rubens, Rembrandt p. hat noch niemand mit so viel Wahrheit und Energie ausgesprochen. Man glaubt, sich in einem Bildersaale ihrer

---

24 Siehe dafür und das folgende die Einleitung zur Ausgabe zitiert in Fußnote 9.

Werke zu befinden: Licht- und Schattenwirkung und Farbengebung dieser trefflichen Künstler spricht uns aus den schwarzen Buchstaben an.

Selbst nach diesem begeisterten Urteil überraschen die entsprechenden Seiten in Meyers Manuskript. Da es bis 1974 unbekannt war, zitiere ich eine längere Stelle über Rembrandts Bild von Saskia in Kassel (T. 4):

Das Bildnis der jungen Frau empfängt sein Licht wie gewöhnlich aus der Höhe, es ist von kräftigem, aber keineswegs dunkelm Ton des Kolorits, warm und wahrhaft, wunderbarlich gerundet und vom Grund abgelöst. Selbst die Gestalt, die Züge sind fein, zierlich, ja das Individuelle, welches dem Werk als Bildnis zukommt, abgerechnet, schön zu nennen.

Für den Satz, daß die wahre Kunst überall einer erhöhten oder besser zu sagen poetischen Naturdarstellung als ihrem allgemeinen Zweck entgegenstrebt, wie verschieden auch die Methode, die Anschauungsweise des Künstlers sein mag, daß also jedes Kunstwerk insoferne klassische Vollkommenheit hat, als der Meister diesem höchsten unendlichen Zweck auf seinem Weg nahe gelangt ist, dürfte sich kaum ein entscheidenderer Beweis anführen lassen als das erwähnte Bildnis. Sicherlich hat Rembrandt nie eine Ahndung gehabt von der Methode, Sinnesweise oder Ansicht, welche z. B. Raffael gehegt, wenn er Bildnisse gemalt, weil dieser die Formen durch die Umrisse derselben nachzuahmen und also die Darstellung der Gestalt, Ausdruck und Bedeutung zu erlangen suchte. Jenes genannte Werk des Rembrandt aber zeigt offenbar, daß der Maler seine Aufmerksamkeit nicht auf den Umriß gerichtet habe. Die nachzuahmende Gestalt schien ihm nicht sowohl durch Linien begrenzt, als vielmehr eine Vereinigung vieler kleinen, durch Hell und Dunkel und Farbe mannigfaltig nuancierten kleinen Massen oder, wenn man will, Flächen. So verschieden nun diese Art anzuschauen von jener ist, so wird doch jeder gestehen müssen, daß das Werk im Kreise der größten Meisterstücke eine sehr ehrenvolle Stelle einzunehmen verdient und selbst Raffaels Nähe nicht zu scheuen haben würde, denn es ist in demselben eine fast ebenso wunderbar lebendige Naturnachahmung, ja, es scheint wahrhaftig beseelt.

Meyer hatte nicht gewußt und konnte nicht wissen, daß Rembrandt tatsächlich eines der großartigsten Gemälde Raffaels, Baldasare Castiglione, bei einer Auktion in Amsterdam gesehen und davon sogar eine Skizze angefertigt hatte. Aber er war sich bereits der Unzulänglichkeit seines Wissens bewußt:

Zwar haben wir von Rembrandt im Vergleich mit anderen Meistern viel geredet, glauben aber demungeachtet, daß es nicht zureichend sei, und unzureichend wie der unsre möchte vielleicht jeder Versuch ausfallen, weil seine Kunst wirklich von größerm Umfang, zum Teil auch zarter ist, als Worte sie deutlich zu machen vermöchten.

(Kunstgeschichte 237/8)

Was die Italiener die *Fortuna Critica* von Rembrandt und auch von Franz Hals nennen, wird aufgrund dieser posthumen Publikation revidiert werden müssen. Warum posthum? Wieso konnte sie Meyer nicht fertigstellen? Der Herausgeber meint, daß das Erscheinen weiterer Bände von Fiorillos *Geschichte der Zeichnenden Künste* einer Veröffentlichung im Wege gestanden wäre, aber ich halte das für unwahrscheinlich. Gewiß, die Fußnoten und die Dokumentation waren noch nicht abgeschlossen, und

Meyer war langsam und methodisch und überarbeitete noch immer die Seiten, die der Kunst der Antike gewidmet waren.[25] Aber ich glaube, daß die Publikation durch eine entscheidendere Erkenntnis verhindert wurde: wir sind im Jahre 1815 – und gerade damals muß sich Goethe klar geworden sein, daß Meyers Geschichtsbild bereits teilweise überholt war. Das Manuskript enthält keinerlei Hinweise auf die Kunst in den Niederlanden im 15. Jahrhundert, abgesehen von einer flüchtigen Erwähnung, daß Van Eyck angeblich die Ölmalerei erfunden hätte, was er aus Vasari hatte. Aber im Herbst 1814 und noch einmal im Jahre 1815 hatte Goethe die Sammlung der Brüder Boisserée in Heidelberg besucht und war geradezu überwältigt, vor allem von Rogier van der Weydens Columbaaltar, der damals Van Eyck zugeschrieben wurde.

Man findet diese Episode in einem anderen Aufsatz dieses Bandes[26] behandelt, in dem ich Goethes zunächst zögernde Bekehrung und ihr weiteres Schicksal beschrieb.

Ich versuchte dort zu zeigen, daß sein Aufsatz in *Aus Kunst und Altertum*, 1816, dem Wunsch entsprang, sich von der Schwärmerei der Romantik zu distanzieren, der Goethe veranlaßte, sein gesamtes Bild der abendländischen Kunst zu revidieren; zweifelsohne half ihm dabei die 1808 verspätet erschienene vielbändige *Histoire de l'Art par les monuments* des Grafen J. B. Séroux d'Agincourt. Das Lehrgebäude vom Triumph der Naturwiedergabe über die mumifizierte byzantinische Tradition drohte plötzlich zusammenzubrechen. Die Kunst war eben nie ganz tot gewesen, die antike Meisterschaft in der Komposition lebte ja weiter, und gerade diese Meisterschaft schien durch den Sieg des Naturalismus der Van Eycks gefährdet.

Trotzdem wissen wir, daß es Goethe nicht ganz wohl war, daß er sich von den Boisserées so weit hatte umstimmen lassen. Vielleicht war das mit ein Grund, warum er Meyer in der nächsten Nummer von *Über Kunst und Altertum* die Rolle übertrug, die Ansichten der Weimarer Kunstfreunde über die *Neudeutsche religiös-patriotische Kunst* ein für alle Mal klarzustellen.[27] Wer diesen verschrieenen Aufsatz liest, wird meine Meinung teilen, daß er eigentlich zu Unrecht so verrufen ist. Nur dort, wo er sich

---

25 *Briefwechsel* II 455, 462, 475.

26 Siehe S. 69–87.

27 Kunst und Alterthum 1817, I. Heft 2, 5–62 und 133–162, neuverlegt in *Kleine Schriften zur Kunst*, vgl. Fußnote 9.

28 Wir dürfen nicht aus den Augen verlieren, daß Meyers Urteil auf Hörensagen beruhte; er selbst hat die Wandmalereien, die damals in Rom entstanden, nie gesehen. Wogegen sich das Urteil der Weimarer Kunstfreunde richtete, war natürlich die Ideologie der Nazarenerbewegung, besonders die katholisierenden Tendenzen, die Goethe bereits im Juli 1805 aufs Korn nehmen wollte (*Briefwechsel* II 171). Die Aktion ist in der Charakterisierung von Savonarola im *Anhang* zu Cellini von Goethe vorweggenommen: „Diesem großen, schönen, heiteren Leben setzt sich ein fratzenhaftes, phantastisches Ungeheuer, der Mönch Savonarola, undankbar, störrisch, fürchterlich, entgegen und trübt pfäffisch die in dem Mediceischen Haus erbliche Heiterkeit der Todesstunde." (*Werke*, XXXII , S. 257)

anstrengt, von oben herab ein zögerndes Lob zu erteilen, verzeiht man ihm seine Haltung nicht gern.[28] Im übrigen gehört dieser Zwischenfall nicht ganz zu meinem Thema. Rumohr hatte gewiß recht, daß der Aufsatz statt der beabsichtigten die umgekehrte Wirkung hatte und daß Meyers Darstellung der zunehmenden Vorliebe für die frühen italienischen Meister danebengriff[29] – ein Urteil, das kürzlich von Giovanni Previtali in seinem Buch *Fortuna dei Primitivi* bestätigt wurde (Turin 1964).

Goethe und Meyer hatten an dem Aufruhr, den der Artikel hervorgerufen hatte, ihre Freude, vielleicht waren sie sogar der irrigen Ansicht, daß ihre Autorität unter Künstlern und Kunstliebhabern in Deutschland unbeeinträchtigt geblieben war.[30] Sie betonten immer wieder, daß sie die Bewunderung der Verdienste der frühen Meister durchaus teilten und sich nur an der Affektation stießen, mit der auch ihre fehlerhafte Zeichnung nachgeahmt wurde.[31]

Modernes:
‚Wie aber kann sich Hans van Eyck
Mit Phidias nur messen?'
Ihr müsst, so lehr ich, alsogleich
Einen um den Andern vergessen.
Denn wärt ihr stets bei Einer geblieben,
Wie könntet ihr noch immer lieben?
Das ist die Kunst, das ist die Welt,
Dass Eins ums Andere gefällt.

(Werke II 113)

Wir wissen, daß „der kluge Kunstgreis" praktizierte, was er predigte, nicht nur in seinem Liebesleben, sondern, was uns hier mehr angeht, in seiner Dichtung. Ich kenne keinen anderen großen Dichter, der seine poetischen Vorbilder mit solcher Leichtigkeit auswechseln konnte, von Hans Sachs zur Antike, von den italienischen Stanzen und Sonetten bis zu Hafis.

Und Meyer? Man erzählte sich in Weimar, daß, wenn er Goethe bei seinen Ausfahrten in der Kutsche begleitete, sie oft schweigend nebenein-

29 Karl Friedrich von Rumohr, Drey Reisen in Italien, Leipzig, 1832.

30 *Briefwechsel* II 420, 425, 432, 435. Im September 1820 schreibt Meyer an Goethe über sein Berlinreiseprojekt: „Es dürfte unser beyder Interesse in Hinsicht auf Weiterführung des Zepters in der Kunst wohl angemessen seyn, die Sache nicht von der Hand zu weisen." *Briefwechsel* II 560.

31 Die deutlichste Erklärung dieser Position findet sich im Artikel über Giottos *Letztes Abendmahl, Über Kunst im Altertum,* V, 1827, der in die spätere Ausgabe der Werke Goethes aufgenommen worden ist (XXXV 242), obwohl ich, so wie andere, der Meinung bin, daß er von Meyers Hand stammt. Eine Übersetzung erschien im Band *Goethe, Essays on Art and Literature,* hsg. v. John Geary, New York 1986 mit einer irreführenden Abbildung des Giottofreskos in Padua; der Artikel bezieht sich auf das Fresko in S. Croce, das jetzt Taddeo Gaddi zugeschrieben wird. Meyer ist im Oktober 1811 nach Heidelberg gefahren, um sich die Boisserée-Gemäldesammlung anzusehen, aber seine Kommentare im *Briefwechsel* II 444 und 447 zeigen, daß er hier gänzlich ein Neuling war.

andersaßen, bis Goethe „Hm, hm“ sagte und er „So ischts“ antwortete. Die beiden verstanden sich gewiß. Ja, der angeblich verzopfte Akademiker, der Rembrandt neben Raphael stellte, erwies sich als durchaus nicht weniger tolerant als das Goethe in seinem eben zitierten Epigramm über van Eyck verlangte. In seinem Urteil über die überlebensgroße Goethe-Büste des französischen Bildhauers David d'Angers (T. 5), mit der er sich gar nicht leicht abfinden konnte, schrieb er mit aller gebührenden Vorsicht:

Daß man im Beurteilen der Werke bildender Kunst sorgfältig das Zeitalter aus welchem sie herrühren und den damals herrschenden Geschmack beachten müsse, steht als unbestreitbare Regel fest, weil es außerdem nicht möglich seyn würde entgegenstehenden Verdiensten, z. B. denen des Albrecht Dürer, oder des Martin Schön, Gerechtigkeit widerfahren zu lassen, und doch auch die Arbeiten eines G. Douw, D. Teniers, G. Schalcken und anderer solcher Meister gehörig zu würdigen: die naive Einfalt des Giotto in kunstloser Einkleidung dem eleganten Geschmack der kühnen Behandlung des Guido Reni gegenüber. Hieraus folgt aber, daß der Beurtheilende, wie die Entstehungszeit des Werks, eben so die verschiedenartigen Bestrebungen der Künstler und Schulen in Erwägung zu ziehen hat.

(Kleine Schriften, 245–5, Kunst und Alterthum, 1832, 6. Heft, 3 S. 482–491)

Das ist die Einsicht, die die Weimarer Kunstfreunde schließlich uns Kunsthistorikern vermacht haben.

T. 1: Die Laokoon-Gruppe, nach Bernard de Montfaucon, L'Antiquité Expliquée. Supplément I, Paris 1724, Tafel 87, (s. 33 ff.).

4. Goethe und die Kunstsammlung der Brüder Boisserée: Gewinn und Verlust in der Emanzipation von der byzantinischen Überlieferung*

Zum Andenken an Elizabeth Holt

„. . . jeder Vorschritt aus einem erstarrten, veralteten, künstlichen Zustand in die freie, lebendige Naturwahrheit [zieht] sogleich einen Verlust nach sich . . ." Diese Bemerkung Goethes über die künstlerischen Neuerungen der Brüder van Eyck und deren Abkehr von der mittelalterlichen Kunsttradition steht in seinem Bericht über die Gemäldesammlung Boisserée in der Zeitschrift „Aus Kunst und Altertum" im Jahre 1816.[1] Die behutsame Formulierung, die danach strebt, Gewinn und Verlust einer künstlerischen Neuerung sorgfältig abzuwägen, entspringt Goethes festem Vorsatz, sich nicht vom Enthusiasmus der beiden deutschen Sammler nordeuropäischer Malerei des 15. Jahrhunderts aus der Fassung bringen zu lassen. Beide waren seine Freunde geworden, aber er mißtraute ihrer bedingungslosen Schwärmerei für das Mittelalter.

Die Monographie von Eduard Firmenich-Richartz über die Sammlung Boisserée aus dem Jahre 1916 enthält alles Wissenswerte über das Zustandekommen dieser Sammlung und den Werdegang der beiden Brüder.[2] Hier geht es mir vor allem um die psychologischen Spannungen, von denen Goethes Reaktion letztendlich bestimmt war. Die starke Dosis von Ambivalenz, die dabei zutage tritt, erklärt sich z. T. aus der Schulung, die die Brüder Boisserée in ihrer Jugend empfangen hatten.

Sulpiz Boisserée (1783–1854) und sein jüngerer Bruder Melchior (1786–1851) waren die Söhne eines wohlhabenden Kaufmanns in Köln. Im Zuge der französischen Revolution im Jahre 1789 ging Köln in die französische politische Einflußsphäre über, und als Sulpiz, mit dem wir

---

* Veröffentlicht als „The Values of the Byzantine Tradition. A Documentary History of Goethe's Response to the Boisserée Collection", in: The Documented Image. Visions in Art History, hsg. v. Gabriel P. Weisberg, Laurinda S. Dixon unter Mitarbeit von Antje Bultmann Lemke, Syracuse University Press, S. 291–308.

1 „Aus einer Reise am Rhein, Main und Neckar in den Jahren 1814 und 1815", in: *Goethes sämtliche Werke,* Jubiläumsausgabe in 40 Bänden, Stuttgart und Berlin, ohne Jahresangabe, XXIX, S. 319.

2 Eduard Firmenich-Richartz, *Die Brüder Boisserée,* I, Sulpiz und Melchior Boisserée als Kunstsammler, Jena, 1916; zitiert: F.-R.

uns hauptsächlich befassen werden, 20 Jahre erreicht hatte, schlug ein älterer Freund namens Bertram vor, daß beide Brüder Paris besuchen sollten. 1803 wurden sie dort Schüler und Anhänger des Führers der Deutschen Romantik, Friedrich Schlegel (1772–1829), eines Mannes, der Goethe aus tiefster Seele zuwider war, was übrigens auf Gegenseitigkeit beruhte. Nach seiner Verehelichung mit Dorothea, der Tochter Moses Mendelssohns, war Schlegel 1802 nach Paris gegangen, in erster Linie um den gesetzlichen Beschränkungen, denen Juden in Deutschland damals noch ausgesetzt waren, zu entkommen. In Paris lernte er Sanskrit und sicherte sich so einen dauernden Platz in der Geschichte der Indologie. Es war ebenfalls in Paris, wo ihm durch seine Besuche im Musée Napoléon die Augen für die Schönheit der frühen Meister geöffnet wurden. Die Gemäldebeschreibungen in der von ihm gegründeten Zeitschrift „Europa" hatten ungeheuren Widerhall.[3] Der lebhafte Geist und die Persönlichkeit dieses vielseitigen Mannes beeindruckten die beiden Brüder derartig, daß sie ihn zu ihrem Guru machten. Sie wohnten in seinem Haus und besuchten seine Privatvorlesungen über Literatur. Ein Jahr danach überredeten sie ihn, sie nach Köln zu begleiten. Auf ihrer Reise besichtigten sie alte Städte und Gebäude in Belgien und in den Niederlanden, wobei sie besonders der gotischen Architektur ihre Aufmerksamkeit schenkten.

Man weiß, daß die neue Begeisterung für diese bisher vernachlässigten Kunstdenkmäler von zwei gleich starken Faktoren geprägt wurde: der Reaktion gegen den Antiklerikalismus der französischen Revolution und dem Anschwellen des deutschen Nationalismus angesichts der Vormachtstellung der französischen Kultur. Zu der Zeit, als Friedrich Schlegel nach Paris kam, war die erste dieser Bewegungen in vollem Gang. 1802 erschien das bahnbrechende Buch von François Renée Chateaubriand *Le Génie du Christianisme*, das die Überlegenheit des Zeitalters des Glaubens über das Zeitalter der Vernunft proponierte. Die Wurzeln des deutschen Kulturchauvinismus reichen natürlich viel weiter zurück. Goethe selbst hatte die Schönheit des Straßburger Münsters im Jahre 1772 in seiner ersten Veröffentlichung „Von deutscher Baukunst" gefeiert[4], in der er naiverweise den Franzosen vorhielt, sie hätten nie etwas derartiges geschaffen. Der Irrtum, daß der „gotische" Stil der eigentliche deutsche Baustil war, läßt sich natürlich auf seinen Namen zurückführen, den Vasari im 16. Jahrhundert populär gemacht hatte. Es bedurfte der Demütigung Deutschlands im napoleonischen Krieg, um die gotische Architektur zum Symbol einer politischen Bewegung werden zu lassen. Der unvollendete Kölner Dom, um dessen Vermessung und Dokumentation, Restaurierung und Fertigstellung sich Sulpiz Boisserée leidenschaftlich bemühte, wurde zu einem Wahrzeichen des deutschen Nationalgefühls.

---

3 Friedrich Schlegel, *Kritische Gesamtausgabe*, hsg. von Ernst Behlder, IV, Paderborn usw., 1959.

4 „Von deutscher Baukunst", in: *Goethes sämtliche Werke*, XXXIII, 3 – 13.

Ein dritter Faktor war auch mit den Nachwirkungen der französischen Revolution und des napoleonischen Krieges verknüpft. Die Auflösung der Klöster und die Säkularisierung der Verwaltung des Rheinlandes führten zum Verkauf zahlreicher Kircheneinrichtungen, einschließlich mittelalterlicher Altäre und Heiligenfiguren. Für Sammler mittelalterlicher Kunst, unter denen die Brüder Boisserée nach ihrer Rückkehr aus Paris führend waren, bedeutete dies eine einzigartige Gelegenheit.

Allerdings stellte sich rasch heraus, daß es viel leichter war, die innige Frömmigkeit dieser Zeugnisse eines christlichen Zeitalters zu bewundern als ihren Platz in der geschichtlichen Entwicklung genau zu bestimmen. Die Geschichte der deutschen Kunst des Mittelalters war noch gänzlich unerforscht. Es gab kaum Anhaltspunkte für Datierungen und Stilfolgen. Kein Wunder, daß die wenigen Fakten, die man hauptsächlich bei Giorgio Vasari und Carel van Mander vorfand, als Hilfshypothese herangezogen wurden, um die Entwicklung der neuentdeckten Schulen der deutschen Kunst festzulegen. Es war Vasari gewesen, der die Entwicklung der italienischen Renaissancemalerei vor dem Hintergrund der „maniera greca", des „häßlichen und unbeholfenen" Stiles der byzantinischen Kunst, beschrieben hatte. Die „Griechen" hatten immerhin das Verdienst, daß die Kunst im frühen Mittelalter nicht völlig ausstarb. In einer seiner wenigen Hinweise auf die nordeuropäische Kunst hat er auch die Leistung des Giovanni da Brugia (Jan van Eyck) als des Erfinders der Ölmalerei gepriesen, einer Technik, die die Temperamalerei der Griechen und ihrer Anhänger ablöste. Die byzantinische Manier und die Erfindung der Ölmalerei waren die einzigen Tatsachen, die den Kunstliebhabern damals bekannt waren und auf die sie ihre historische Rekonstruktion gründen mußten. Diese ersten Versuche spiegeln sich klar in den Fragmenten einer Autobiographie aus der Feder von Sulpiz:

So hatte man bis dahin die Gemälde für die älteren gehalten, welche mit den Werken der Brüder van Eyck einige Aehnlichkeit hatten, aber unvollkommener in der Zeichnung und Ausführung waren; überhaupt suchte man das höhere Alter nur in der größern Unvollkommenheit, nicht aber in einer ganz verschiedenen Auffassungsweise und Gestaltung der Köpfe und Gewänder. Als wir daher in der Vorhalle der St. Lorenzkirche zum erstenmal ein Gemälde der Apostel sahen, auf welchem die Köpfe mit großen breiten Formen, weichen Haaren und Bart, die Gewänder mit einfachen, rundlichen Falten und alles mit einem gelinden fließenden Pinsel ausgeführt war, hielten wir dieß Werk ohne Bedenken für italienisch; es schien uns jenen Brustbildern der Apostel auf Goldgrund aus St. Luigi in Rom ähnlich, welche wir im Restaurationssaal des französischen Museums gesehen und worin wir eine Probe italienisch-byzantinischer Kunstweise erkannt hatten ... Aber es dauerte nicht lange, so fanden wir mehrere dergleichen Bilder, deren einheimischer Ursprung aus dem 14. und zum Theil 15. Jahrhundert nicht zu bezweifeln war und dagegen entdeckten wir Bilder mit Inschriften und Jahrzahlen, welche bewiesen, daß die wegen ihrer geringern Vollkommenheit für älter als die Brüder Eyck gehaltenen Werke, vielmehr ihrer Schule angehörten. Man mußte sich also überzeugen, wovon man bisher nicht die geringste Ahnung gehabt hatte, daß die ältere kölnische Malerei vor den Brüdern van Eyck, wie die gleichzeitige italienische sich ursprünglich auf alte Ueberlieferung byzantinischer Vorbilder stütze, und daß sie sich aus den Grundzügen jener überlieferten Kunst, obwohl mit großer Eigenthümlichkeit, entwickelt habe.[5]

Der moderne Kunsthistoriker mag hier der Versuchung erliegen, diese vagen historischen Ahnungen mit der Tatsache in Zusammenhang zu bringen, daß es in der Tat einen „internationalen gotischen Stil“ gab, der die Kunst in Europa um 1400 vor dem Auftreten des neuen Realismus beherrschte. Aber Bemerkungen, die Sulpiz in der Folge machte, zeugen davon, daß er eine derart detaillierte Kunstkenntnis einfach nicht besaß und daß seine Meinungen meist völlig unfundiert waren.

Als die Brüder im Jahre 1808 das größte Kunstwerk ihrer Sammlung erwarben, den Flügelaltar von Rogier van der Weyden aus dem Kloster St. Columba, zweifelten sie nicht daran, daß sie damit ein Beispiel der Kunst van Eycks erworben hatten, das ganz mit der byzantinischen Tradition gebrochen hatte.

Sulpiz kam einem Wunsch Friedrich Schlegels um Rat zum Thema mittelalterlicher Kunst entgegen und erörterte seine Ideen ausführlich.[6] Er berief sich auf die Meinung Schlegels, die er in seiner Zeitschrift „Europa“ (Bd. 4, S. 5, 30, 109) ausgesprochen hatte,

daß die Malerei bei den Italienern und Deutschen in der ersten Zeit aus einem und demselben Punkt müsse ausgegangen seyn . . . und daß die älteste christliche Malerei griechischer Art gewesen sey;

denn gerade das durchgängige, ausschließliche Bestehen griechischer Art und Weise in alter Malerei und Bildhauerei der Deutschen von den ersten Zeiten an bis Eyck, ist ja die Hauptgrundlage der durch unsere Entdeckungen neu erworbenen Kenntniß der vaterländischen Kunstgeschichte.

Die Erscheinung einer entgegengesetzten, ganz nationaldeutschen Weise, die wir frühern Ursprungs gehalten hatten, erst von Eyck an, macht den zweiten, der Uebergang aber von der ersten, gänzlich griechischen Kunst zu dieser deutschen, macht den dritten und schwierigsten Hauptpunkt der veränderten Ansicht aus.

Wir, die wir an reich illustrierte Kunstbücher gewöhnt sind, können uns nur mit Mühe vorstellen, wie schwierig es gewesen sein muß, ohne zuverlässige Abbildungen auch nur an den Versuch der Konstruktion einer Geschichte mittelalterlicher Kunst heranzutreten. Die Schwierigkeit wurde erst in dem Jahr, in dem Sulpiz diese Darstellung schrieb, teilweise durch die Veröffentlichung der ersten Lieferung von Seroux d'Agincourts „Histoire de l'Art par les Monuments depuis sa décadence au 4me siècle à son renouvellement au 16me“ (Paris, 1811–20) gemildert. Vor dieser Veröf-

5 F.-R., 63–64. Das Fragment einer (undatierten) Autobiographie wurde zuerst von der Witwe unter dem Titel „Sulpiz Boisserée“, I, Stuttgart, 1862, 15–45, veröffentlicht. Für einen vollständigen Überblick und eine Bibliographie über die Geschichte der Malerei in Köln im 14. und frühen 15. Jahrhundert siehe den Katalog einer Ausstellung im Wallraf-Richartz-Museum, Köln, März – Juli 1974, „Vor Stefan Lochner. Die Kölner Maler von 1300 bis 1430“, Köln, 1974.

6 F.-R., 99–108. Das Zitat ist auf S. 100.

fentlichung gab es nur das „Menologium Basilius II" (T. 6) von Kardinal Albani, aus dem Sulpiz eine Vorstellung über die Charakteristika des byzantinischen Stils schöpfen konnte. Es war dies ein um das Jahr 1000 mit reichen Illustrationen ausgestattetes Manuskript in der vatikanischen Bibliothek. Wieviel man dennoch auf reines Hörensagen angewiesen war, erweist seine beiläufige Bemerkung, daß „Kunstkenner, welche die neugriechischen Gemälde von Giotto gesehen haben", versicherten, daß bestimmte deutsche Tafelbilder „in Farbe und Zeichnung große Übereinstimmung" mit ihnen haben.[7]

Die Brüder hatten genausowenig Glück mit ihrer Erklärung des Problems, das sie als das schwierigste in ihrer neuen Bewertung mittelalterlicher Kunstgeschichte ansahen, den Übergang vom allgegenwärtigen byzantinischen Stil zum Stil der beiden van Eycks. Eine Inschrift, die sie falsch lasen, führte sie zur Annahme, daß das wichtigste Bild der Kölner Schule, Stefan Lochners „Dombild", aus dem Jahr 1410 (statt ca. 1440) stammte und daher dieser Übergangsperiode zugeordnet werden müßte.

Selbst der skeptischste Kunsthistoriker muß anerkennen, daß wir seit diesen Tagen einige Fortschritte gemacht haben. Und doch wird sich zeigen, daß es gerade diese unzulängliche Hypothese war, auf die Goethe seine wichtigen Einblicke in die Werte der byzantinischen Tradition gründen konnte.

Die seltsame Verkettung von Umständen, die es den jungen Sammlern ermöglichte, sich dem gefürchteten Weimarer Kunstpapst zu nähern, verdient erzählt zu werden.[8] Ein französischer Diplomat, Karl Friedrich Reinhard, hatte nach seinem Abschied aus Napoleons Diensten Sulpiz beauftragt, ihm einen Landsitz im Rheinland für seinen Ruhestand zu suchen. Aber die Zeitläufte waren unruhig, er wurde von den Russen entführt und in einem Schloß am Dnjepr gefangengehalten und erst nach einer diplomatischen Intervention wieder freigelassen. Um sich zu erholen, ging Reinhard zur Kur nach Karlsbad, wo er Goethe traf, der an diesem hochkultivierten Mann von Welt Gefallen fand.

So schrieb Reinhard am 16. April 1810 einen wohlgesetzten Brief an Goethe, in dem er erwähnte, daß Sulpiz, der vor kurzem nach Heidelberg gezogen war, der Besitzer einer sehr bemerkenswerten Sammlung alter deutscher Gemälde sei, die er vor der Vernichtung bewahrt hätte. Was aber Goethe sicherlich besonders interessieren würde, war ein Projekt, an dem Sulpiz arbeitete: er wollte eine Beschreibung und Geschichte des Kölner Doms und seiner Altertümer publizieren (T. 7). Die Zeichnungen wären fertig, und es läge Sulpiz viel daran, sie Goethe unterbreiten zu dürfen: „Ich kann ihn als einen sehr wohlgesitteten, rechtlichen und gutmüthigen Men-

7 Ebenda, 101.
8 Ebenda, 61.

schen Ihnen durchaus empfehlen ... Ich achte und liebe den jungen Mann und ich stehe in Verbindung mit seinem Haus und mit seiner Familie ...“[9]

Die Antwort Goethes war alles eher als ermutigend. Er würde dem jungen Mann nicht raten, nach Weimar zu reisen; er stünde unter großem Druck; und wenn der Besucher zu einer so turbulenten Zeit käme, würde er kaum die erwartete Freude und Befriedigung finden: „Denn wie Sie selbst am besten fühlen, so müßte ein Schüler von Friedrich Schlegel eine ziemliche Zeit um mich verweilen und wohlwollende Geister müßten uns beyderseits mit besonderer Geduld ausstatten, wenn nur irgend etwas erfreuliches oder auferbauliches aus der Zusammenkunft entstehen sollte.“ Nachdem er seinem Groll so Luft gemacht hatte, fühlte sich Goethe verpflichtet, hinzuzufügen, daß er aufgrund Reinhards Empfehlung den Besucher sicher freundlich aufnehmen werde, „ja er soll auch bei mir in Puncten, die mir sonst feindselig sind, mehr Geduld und Nachsicht finden, als ich sonst zu üben pflege.“[10]

Sulpiz war gut beraten, nicht eher zu kommen, bevor er die Zeichnungen geschickt hatte. Nachdem Goethe sie gesehen hatte, sandte er einen versöhnlicheren Brief an Reinhard, vom 14. Mai 1810: „Man kann Niemanden vorschreiben, wohin er seine Liebhaberey wenden und wozu er die ihm innewohnenden Gaben ausbilden soll. Ferner ist alles dasjenige höchst schätzbar, was uns den Sinn einer vergangenen Zeit wieder vergegenwärtigt, besonders wenn es in einem wahrhaft treuen historischen und kritischen Sinne geschieht. Nach diesem sind die Bemühungen des jungen Mannes, durch welchen die vorliegenden Zeichnungen zu Stande gekommen, höchlich zu loben.“[11] Und nachdem er Details der Zeichnungen und des Domes besprochen hatte, fuhr Goethe fort:

Vorstehendes wäre das aufrichtige und unbewundene Lob, das man den Cölner Kunstfreunden ertheilen muß. Freylich gehört eine solche leidenschaftliche Beschränkung dazu, um etwas der Art hervorzubringen. Ich habe mich früher auch für diese Dinge interessirt, und eben so eine Art von Abgötterey mit dem Straßburger Münster getrieben, dessen Facade ich auch jetzt noch, wie früher, für größer gedacht halte, als die des Doms zu Cöln.
Am wunderbarsten kommt mir dabey der deutsche Patriotismus vor, der diese offenbar saracenische Pflanze als aus seinem Grund und Boden entsprungen, gern darstellen möchte. Doch bleibt im Ganzen die Epoche, in welcher sich dieser Geschmack der Baukunst von Süden nach Norden verbreitete, immer höchst merkwürdig. Mir kommt das ganze Wesen wie ein Raupen- und Puppenzustand vor, in welchem die ersten italiänischen Künstler auch gesteckt bis endlich Michel Angelo, indem er die Peterskirche concipirte, die Schale zerbrochen und als wundersamer Prachtvogel sich der Welt dargestellt hat.[12]

Goethe fügte nach mehreren allgemeinen Worten des Wohlwollens

9 Ebenda, 120.
10 Ebenda, 121.
11 Ebenda, 121.
12 Ebenda, 122.

eine Nachschrift hinzu. Er bat darin Reinhard, dem „vorzüglichen jungen Mann“ nichts von seiner Äußerung, die ihn betrüben könnte, mitzuteilen.[13]

Inzwischen hatte Sulpiz einen langen Brief mit aller schuldigen Achtung geschrieben, in dem er erklärte, daß er es als seine Pflicht ansah, „das Urtheil des Mannes aufzufordern, deßen Beifall mehr als jedes anderen mich selbst in meinen Arbeiten leiten und ermuntern und auf die äußere Vollendung des Werkes den entschiedensten Einfluß haben muß“.[14] Nach einer eingehenden Erörterung des Kölner-Dom-Projektes wendet er sich seiner Sammlung zu.

Wir haben nicht nur merkwürdige sondern wenigstens im Ausdruck höchst edele und schönere Werke als man gewöhnlich von den alten Meistern sieht, ... Am wichtigsten aber bleibt die durch unseren Sammlungs-Eifer gemachte Entdeckung einer bis zur Zeit Joh. von Eyks fortlaufenden, durchaus die Spuren griechischer Bildung verrathenden Art der Malerey, wie man sie uns vor Raphael in Italien beschreibt, und die man nach den bisherigen Meynungen in Deutschland garnicht erwartete; bei den jüngsten Werken aus der letzten Hälfte des 14t. und dem Anfang des 15t. Jahrhundert erscheint diese Art in großer Schönheit der Köpfe und Gewänder, ... die Behandlung in Gestalt und Farbe ist durchaus verschieden und gefälliger, als was wir gewöhnlich von der deutschen die Natur und in vielen Theilen ziemlich ungeschickt nachahmenden Kunst kennen, es liegen dort offenbahr identische Grundzüge unter, und die früheren Werke reihen sich immer mehr an die rohen Bildungen der aus den Menelogio und alten Handschriften bekannten byzantinischen Miniaturgemälden.[15]

In seiner kurzen, aber höflichen Erwiderung versprach Goethe Reinhard, daß Sulpiz mit dem freundlichsten Empfang rechnen konnte. Reinhard, der treuergebene Vermittler, ließ sich aber nicht täuschen. In seinem Brief vom 27. Juni an Goethe deutete er darauf hin, daß es möglicherweise ein Fehler gewesen sei, dem jungen Mann Goethes Bedenken nicht übermittelt zu haben, denn Sulpiz dachte sofort, daß Goethe diese Angelegenheit so sah wie er. Worauf Goethe ihn rasch ersuchte, den jungen Freund in Heidelberg genügend aufzuklären, weil ein unmittelbar bevorstehender Besuch ein verdrießliches Verhältnis schaffen würde, wenn er Goethes tatsächliche Meinung nicht kannte. Zweifellos hatte der junge Mann ganze Arbeit getan, aber Goethe dachte noch immer, daß der Gegenstand nur als Dokument einer Stufe menschlicher Kultur schätzenswert war. Zugegeben, räumte Goethe ein, daß, wenn diese jungen Männer einen solchen Mittelzustand nicht als den obersten hielten, sie nicht den Mut und die Energie für ihre Mühen aufbringen würden.

Wenn der Ritter seine Schöne nicht für die schönste und einzige hielte, würde er dann Drachen und Ungeheuer um ihrentwillen bekämpfen?
Ich habe schon oft genug in meinem Leben ähnliche Fälle mit jungen Leuten gehabt, so daß ich neulich mich ganz und gar auch von den bessern enthalte. Einfluß gestehen

---

13 Ebenda, 122.
14 Ebenda, 123.
15 Ebenda, 125.

sie uns, Einsicht trauen sie sich zu, und die erste zu Gunsten der letzten zu nutzen, ist eigentlich ihre stille Absicht. Ein wahres Zutrauen ist nicht in der Sache. Ich nehme es ihnen nicht übel; aber ich mag mich weder gutmüthig selbst betrügen, noch fremde Zwecke gegen meine Überzeugung befördern ...[16]

Um das Folgende zu verstehen, darf man dieses aufrichtige Bekenntnis nicht aus den Augen verlieren. Goethes Furcht, daß er überredet werden könnte, eine Sache zu unterstützen, die er eigentlich von Herzen verabscheute, erklärt seine schwankende Haltung gegenüber Sulpiz Boisserée und die nachfolgenden Widersprüchlichkeiten, die mitunter an Unaufrichtigkeit grenzten.

Als am 3. Mai 1811 dann der junge 28jährige endlich dem großen Dichter, der damals 61 Jahre alt war, gegenüberstand, sollte er diese Ambivalenz gründlich zu spüren bekommen. Die Art, mit der er sofort seinem Bruder von diesem Treffen erzählte, ist herzerfreuend in ihrer Unmittelbarkeit und verdient, ausführlich zitiert zu werden:

Ich komme eben von Goethe, der mich recht steif und kalt empfing, ich ließ mich nicht irre machen und war wieder gebunden und nicht unterthänig. Der alte Herr ließ mich eine Weile warten, dann kam er mit gepudertem Kopf, seine Ordensbänder am Rock; die Anrede war so steif vornehm als möglich. Ich brachte ihm eine Menge Grüße: ‚recht schön', sagte er. Wir kamen gleich auf die Zeichnungen, das Kupferstichwesen, die Schwierigkeiten, den Verlag mit Cotta und alle die äußern Dinge. Ja, ja, schön, hem, hem. Darauf kamen wir an das Werk selbst, an das Schicksal der alten Kunst und ihre Geschichte. Ich hatte mir einmal vorgenommen, der Vornehmigkeit eben so vornehm zu begegnen, sprach von der hohen Schönheit und Vortrefflichkeit der Kunst im Dom so kurz als möglich, verwies ihn darauf, daß er sich durch die Zeichnungen ja selbst davon überzeugt haben würde, – er machte bei allem ein Gesicht, als wenn er mich fressen wollte. Erst als wir von der alten Malerei sprachen, thaute er etwas auf, bei dem Lob der neugriechischen Kunst lächelte er; er fragte nach Eyck, bekannte, daß er noch nichts von ihm gesehen hatte, fragte nach den Malern zwischen ihm und Dürer und nach Dürers Zeitgenossen in den Niederlanden; daß wir gerade so schöne Bilder hätten, weil überhaupt die Kunst in Niederland viel edler und gefälliger als im übrigen Deutschland gewesen, leuchtete ihm ein; ich war in allen Stücken so billig wie du mich kennst, aber auch so bestimmt und frei wie möglich und ließ mich gar nicht irre machen durch seine Stummheit oder sein ‚ja, ja, schön, merkwürdig'. Ich gab großmüthig meine Gedanken über den Gang der Malerei durch die Einwirkung von Eyck zum Besten, jedoch mit aller Vorsicht, zugleich aber ließ ich nicht undeutlich merken, daß man eben bei der noch ganz frischen Entdeckung, die wir das Glück gehabt zu machen, seine Gedanken noch nicht gerne ausspreche; ich gab sie auch nur in allgemeinen Zügen, das ließ er sich alles sehr wohl und behaglich einlaufen.[17]

Erst als die Unterhaltung auf Reinhard und seine Angelegenheiten zu sprechen kam, wurde Goethe etwas liebenswürdiger, „das Lächeln wurde häufiger, er lud mich auf morgen zu Tisch;"[18]

---

16 Ebenda, 127.

17 Ebenda, 128 f.

18 Ebenda, 129.

Am nächsten Tag, am 4. Mai 1811, konnte Sulpiz über eine bemerkenswerte Veränderung in der Stimmung berichten. Er hatte Goethe die Illustrationen zu „Faust" von Cornelius gebracht, die Goethes Beifall fanden, worauf Goethe seinem Besucher „Die Vier Jahreszeiten" von Philipp Otto Runge zeigte, die an seiner Wand hingen und die er mit echter Begeisterung lobte. „Was, kennen Sie das noch nicht? Da sehen Sie einmal, was das für Zeug ist, zum rasend werden, schön und toll zugleich."[19]

Beim nächsten Besuch bot Goethe Sulpiz sogar an, ihn am folgenden Vormittag aufzusuchen, „daß wir einmal allein sprechen können, wir müssen die Zeit nutzen, so lange wir beisammen sind, mündlich und die Zeichnungen zur Hand, versteht man sich erst recht".[20] Sulpiz lehnte es ab, Goethe bei sich zu empfangen, aber seine Eroberung war inzwischen eine vollständige. Nicht daß Sulpiz irgendwelche Illusionen gehabt hätte:

Man muß ... über solchen augenblicklichen Anwandlungen jugendlicher Begeisterung nicht vergessen, daß es ein alter Herr ist, von dem eine so recht thätige Theilnahme nie zu erwarten steht.

Alle Einwendungen des Alten gegen die eigene vaterländische Erfindung der gothischen Baukunst verstummen, und Alles, was er wegen dem Straßburger Münster zu sagen hatte, ließ er bald fallen. Er brummte am Dienstag, als ich bei ihm mit den Zeichnungen allein war, wirklich zuweilen wie ein angeschossener Bär, man sah, wie er in sich kämpfte und mit sich zu Gericht ging, so Großes je verkannt zu haben.[21]

In seinem Bericht über das nächste Treffen bei Tisch schrieb Sulpiz von seinem Hochgefühl. Nachdem er Goethes Lob gehört hatte, hatte er „... das erhebende Gefühl des Siegs einer großen schönen Sache über die Vorurtheile eines der geistreichsten Menschen, mit dem ich in diesen Tagen recht eigentlich einen Kampf hatte bestehen müßen, ... Ich sprach wie eben meine Stimmung mir es eingab, ich weiß nicht wie ich die Worte sezte, sie musten meine Bewegung kund geben denn der alte wurde ganz gerührt davon drückte mir die Hand u. fiel mir um den Hals. Das Waßer stand ihm in den Augen."[22] Ihr freundschaftlicher Umgang war an einem derartig vertrauten Punkt angelangt, daß Sulpiz es wagen konnte, Goethe zu fragen, was er gegen Friedrich Schlegel hätte, aber hier erwies es sich als unmöglich, die Vorurteile des alten Herrn einem Mann gegenüber, den er für unehrlich hielt, zu überwinden.

Zweifellos hatte Sulpiz recht, von einem persönlichen Sieg zu sprechen, denn Goethe dankte Reinhard in aller Offenheit dafür, daß er ihm einen so „hübschen Mann" geschickt hatte: „Mit tüchtigen Menschen fährt man immer besser gegenwärtig als abwesend: denn sie kehren entfernt

---

19 Ebenda, 130.
20 Ebenda, 131.
21 Ebenda, 133.
22 Ebenda, 134 f.

meistentheils die Seite hervor die uns entgegensteht; in der Nähe jedoch findet sich bald, inwiefern man sich vereinigen kann."[23]

Reinhard hinwiederum schrieb Sulpiz, daß er dem alten Herrn gefallen hätte, obwohl er ihn nicht zu seiner Meinung bekehrt habe.[24]

Ihre anschließende Korrespondenz zeigt, wie Sulpiz um den alten Herrn wie ein leidenschaftlicher Liebhaber wirbt; er drängt ihn, die Rheinlande und seine Sammlungen zu besuchen: „Wenn irgend die Rede Zauber gewürkt, so möchte der gütige Himmel mich jetzt erhören und mir die Gabe verleihen Sie zu bereden und gegen alle Einwendungen zu berükken."[25] Im Herbst zeigten sich die Rheinlande von der besten Seite: „Die Natur selbst macht es Ihnen zum Gesetz, daß Sie uns besuchen müssen! und ich zähle darauf daß Sie Gesetze von so guter Hand nach ihrer gewohnten Weise ehren."[26]

Da Goethe nicht dazu bewogen werden konnte, schlug Sulpiz vor, die Sammlung nach Weimar zu bringen und dort auszustellen: „Sie sehen ich faße die Hand die Sie mir in Liebe und Großmuth reichen, mit beiden Händen, daß sie mir ein Anker werde für mein ganzes Leben – . . ."[27]

Aber solch ungestümes Drängen war nur dazu angetan, Goethe abzuschrecken. Er warnte den jungen Mann, daß es wohl eine Sache sei, nach Weimar als Besucher zu kommen, wo ihm alle Türen offenstünden, aber eine ganz andere Sache, zu versuchen, sich in Weimar niederzulassen, was nur zu Enttäuschungen führen würde.

Sulpiz war klug genug, den Wink zu verstehen; er ließ es aber nicht zu, daß ihre Freundschaft während des Jahres 1812 abflaute. Am Jahresende hatte er die große Genugtuung, in einer jüngst erschienenen Fortsetzung von Goethes „Dichtung und Wahrheit" lobende Worte für seine eigene Arbeit zu lesen. Goethes frühe Begeisterung für das Straßburger Münster bot dem Autor die willkommene Gelegenheit, auf das wiederaufgetretene Interesse an der Architektur der Gotik hinzuweisen. Inzwischen war die Sammlung, die nun in Heidelberg ausgestellt war, wesentlich gewachsen und solch hervorragende Besucher wie Wilhelm von Humboldt und Jakob Grimm, ganz zu schweigen vom Strom der königlichen Besucher, verstärkten ihren Ruf.

Endlich also im Herbst 1814, mehr als drei Jahre nach ihrer ersten Begegnung in Weimar, bot ein Kuraufenthalt in Wiesbaden Goethe die Gelegenheit, eine Reise nach Heidelberg zu unternehmen. Er kam am 24. September an und blieb bis 9. Oktober. Der Besuch schien ein vollständiger Erfolg gewesen zu sein, und ein Brief von Sulpiz 14 Tage nach Goethes

---

23 Ebenda, 144.
24 Ebenda, 144.
25 Ebenda, 148.
26 Ebenda, 150.
27 Ebenda, 152.

Abreise zeigt, daß er den Eindruck hatte, endlich einen vollen Triumph gefeiert zu haben.

Nun laß mich Dir von Goethe erzählen; daß er volle vierzehn Tage bei uns gewohnt hat, wirst Du wissen, daß wir aber durch diesen längern Umgang, der in jeder Hinsicht sehr lehrreich und erfreulich für uns war, sein ganzes Vertrauen erworben und ein sehr enges Verhältniß mit ihm geknüpft haben, weißt du noch nicht. Es ist die Rede davon, über unsere Sammlung, über unser Bemühen um das altdeutsche Bauwesen, und über die Art und Weise, wie wir dazu gekommen, eine eigene kleine Schrift zu schreiben. Ei der Teufel (sagt er mir mehrmal), die Welt weiß noch nicht, was Ihr habt, und was Ihr wollt, wir wollens ihr sagen, und wir wollen ihr, weil sie es doch nun einmal nicht anders verlangt, die goldenen Aepfel in silbernen Schalen bringen; wenn ich nach Haus komme, mache ich ein Schema, das schicke ich Euch, damit Ihr eure Bemerkungen dazu machen und sehen könnt, was für Materialien mir allenfalls noch abgehen, die schickt Ihr mir, die Redaktion behalte ich, und es müßte seltsam zugehen, wenn wir nicht etwas recht Schönes zu Stande brächten; es ist schwer, so was zu schreiben, aber ich weiß den Weg ins Holz, laßt mich nur machen, um Ostern komme ich wieder, dann bringe ich es mit, und ists Euch recht, so lassen wir es bei Mohr und Zimmer drucken.[28]

Um recht zu begreifen, welchen gewaltigen Eindruck unsere Bilder auf den alten, rüstigen Freund gemacht haben, mußt Du wissen, daß er nie einen Johann van Eyck, und überhaupt außer Kranach und wenige Dürer keine altdeutschen Bilder gesehen hatte. 'Ach Kinder', rief er fast alle Tage aus, 'was sind wir dumm, was sind wir dumm, wir bilden uns ein, unsere Großmutter sey nicht auch schön gewesen; das waren andere Kerle als wir, ja Schwernoth! die wollen wir gelten lassen, die wollen wir loben und abermals loben! Die verdienen, daß Fürsten und Kaiserinnen, daß alle Nationen kommen, und ihnen huldigen!' – Jeden Tag, nur einige, wo wir uns mit dem Bauwesen beschäftigten, ausgenommen, war er morgens um acht Uhr im Bildersaal und wich nicht von der Stelle, bis zur Mittagszeit, da wurde dann alles besprochen, und mußten wir ihm alles Geschichtliche und unsere Ansichten und Bemerkungen sagen, wogegen wir die seinigen hörten. Er war mit unsrer ruhigen, philosophisch-kritischen Betrachtung der Kunstgeschichte sehr zufrieden, und ich kann sagen, daß ich über den Gang der Kunstgeschichte recht viel von ihm gelernt habe.[29]

Wenige Tage darauf schreibt Melchior in einem Brief an einen Freund, daß Goethe im Winter über die Sammlung schreiben und dann zu Ostern zurückkehren wolle, um seinen Text zu überarbeiten und druckreif zu machen.[30]

Es wird den Leser nicht überraschen, daß diese großen Hoffnungen nicht in Erfüllung gingen und vielleicht nicht in Erfüllung gehen konnten. Während der folgenden Monate zeigte sich zwar kein offener Bruch, aber Sulpiz drückte seine Besorgnis in einem Brief aus, in welchem er die Besuche des Kaisers in der Galerie beschrieb: auch wenn die Sammlung gelobt werde, bedürften die Leute einer Autorität vom Range Goethes und Goethe sollte daher seine Meinung über diese Werke publik machen. In

---

28 Ebenda, 206.
29 Ebenda, 206 f.
30 Ebenda, 208.

seiner Sorge wiederholt Sulpiz die Bitte: „Darum führen Sie Ihr vorigjähriges Versprechen aus, dann führen Sie Ihr vorigjähriges Versprechen aus. Sie können dadurch für die deutschen Alterthümer und somit auch für uns etwas bewürken, was Ihnen vor der Mit- und Nachwelt schöne Freuden und Früchte bringen wird."[31]

Aber es war natürlich genau diese Art Publizität, die Goethe fürchtete, er verabscheute noch immer die romantische Schwärmerei für das Mittelalter und es widerstrebte ihm, vor seinen Freunden in Weimar, die fest an die klassischen Kunstprinzipien glaubten, als Abtrünniger zu erscheinen.

Goethe hatte Vorkehrungen getroffen, einen zweiten Besuch in Heidelberg mit einer Tour der Rheinlande in Gesellschaft des früheren preußischen Ministerpräsidenten Freiherr von Stein zu verbinden. Von Stein, der als persona non grata aus Napoleons Dienst entlassen worden war, wurde von den Romantikern bedingungslos verehrt. Als die beiden vor dem „Dombild" des Kölner Domes standen, bat der Staatsmann die Umstehenden inständig, keinerlei politische Bemerkungen laut werden zu lassen, da all dies dem großen Mann leider zuwider war.[32]

Sulpiz Boisserée, der mit dabei war, hatte reichlich Gelegenheit, derartige Beweise von Goethes immer kompromißloseren Haltung gegenüber den Schöpfungen und dem Geschmack der deutschen romantischen Künstler zu hören. Offen und ehrlich wie er war, suchte er eine Gelegenheit, die Gründe für diese Abneigung herauszufinden, indem er einige seiner eigenen Schriften über Kunst seinem verehrten Freund vorlegte. In einem Brief vom 25. August schreibt er mit einiger Genugtuung, wie sich Goethe verlauten ließ:

> ‚Sie sind gut', sagt er, ‚u. was noch mehr ist, sie sind recht; denn was mir immer die Hauptsache, der Ton ist getroffen; dabey sind sie mit Neigung und frommem Sinn geschrieben, ich würde sie vielleicht nicht so gut machen, weil mir der leztere fehlt . . .'

Aber der folgende Brief von Sulpiz vom 15. September 1815 zeigt, daß Goethe sich weigerte, über diese Andeutungen hinauszugehen und sich nicht weiter einlassen wollte:

> . . . Sonst [sei] die ganze Art meiner Beschreibung gut, nur würde er sie nicht so machen, weil er eine ganz andere Ansicht der Kunst habe. – Auf meine Frage, worin diese Verschiedenheit bestehe, wollte er nicht heraus anfangs. Es sey eine Antinomie der Vorstellungsart, da helfe alles nichts sich darüber zu verstehen wäre vergebens. Wir hingen am Gegenstand u. müßten daran häng[en], das sey recht, das gehöre zur ganzen Ansicht, aber es sey nicht das Höchste. Der Spielmann sey noch irgend anders begraben . . .[33]

Es wird sich zeigen, daß Goethes eigene Betrachtung über die Sammlung Boisserée, die er wenige Monate danach in Angriff nehmen sollte, uns dazu

---

31 Ebenda, 213.
32 Ebenda, 217.
33 Ebenda, 207.

verhelfen kann, diese kryptische Äußerung zu deuten. Was er bei diesen enthusiastischen Beschreibungen christlicher Themen vermißte, war die Beachtung formaler Aspekte, die objektiv und ohne Gefühlschwall erörtert werden konnten. Es nimmt uns nicht wunder, daß sich der zweite Besuch in Heidelberg vom 27. September bis 7. Oktober, den Goethe für eine Überarbeitung seines Konzepts und seiner Eindrücke verwenden wollte, weniger erfolgreich als der erste erwies. Es gab zu viele ihn ablenkende Besucher, und Goethe verfiel in eine Depression.

Trotzdem schrieb er oder besser diktierte er die Betrachtung bald nach seiner Rückkehr nach Weimar und veröffentlichte sie in der Zeitschrift „Über Kunst und Alterthum" im folgenden Frühjahr.

Goethes Brief vom 11. März 1816 an seinen intimen Freund Carl Friedrich Zelter, in dem er das Eintreffen der Ausgabe anzeigte, drückt ein gewisses Unbehagen aus:

> Das Heftlein von Rhein und Mayn, Kunst und Alterthum wird nun auch bald zu euch gelangen. Ich habe bey'm dreyzehnten Bogen abgebrochen, wie Scheherazade. Wenn ich die Bedeutung solcher Blätter früher erkannt hätte; so würde ich das ganze Geschäftlein abgelehnt haben, auch bin ich nur nach und nach hinein verführt worden und so mag es denn auch dahin fließen. Dagegen muß ich dankbar erkennen, daß ich ohne diese dringende Nöthigung niemals weder dem wichtigen Punct der Kunsterhaltung durch die barbarische Zeit hindurch, noch auch den Eigenthümlichkeiten nationeller und provinzieller Wiederherstellung Aufmerksamkeit hätte schenken können. Es ist da viel Zeug unserer geläuterten Sinnlichkeit zuwider, das man nur durch den Begriff zu etwas machen kann, denn das Absurde freut uns auch wenn wir uns darüber aufklären.[34]

Wenn Goethe selbst eher zurückhaltend über seinen Beitrag war, so betrachteten ihn die Romantiker als geradezu schandbar. Dorothea Schlegel, die Frau von Friedrich Schlegel, sprudelte ihre Verachtung in einem Brief vom 3. Juli 1816 nur so heraus:

> Das ist nun endlich das Kunstadels-Diplom, was zu erlangen die Boisserées so lange um den alten Heiden herum geschwänzelt haben. Und wie überflüßig! Wer die Sammlung sieht und nur nicht eines ganz verstockten Sinnes ist, der braucht ja weiß Gott keines solchen Stempels, um zu sehen, daß die Sammlung einzig in ihrer Art ist. Schwerlich werden Boisserée sehr zufrieden sein mit diesem platten affektirten Gewäsch, aber gewiß werden sie nicht unterlaßen, die Miene anzunehmen, als wären es goldne Sprüche. Friedrich sein Verdienst um die neue Würdigung unsrer ältesten Kunstdenkmale hat der alte kindische Mann dadurch zu schmälern gesucht, daß er ihn in diesem ganzen Werke gar nicht genannt, ...[35]

Wir können es ruhig dem Leser überlassen zu entscheiden, wieweit diese heftige Reaktion gerechtfertigt war. Freilich muß jeder, der Goethes Bericht im Zusammenhang liest, die beiden Sammler, die solch große Hoffnungen auf diese Veröffentlichung gesetzt haben, ein wenig bedauern.

---

34 Ebenda, 229.
35 Ebenda, 242.

Goethes Beschreibung der Sammlung nahm nicht einmal den Ehrenplatz in der Zeitschrift ein, der Abschnitt über Heidelberg folgte erst einem Überblick über eine Reihe von anderen Städten in der Gegend von Köln, Frankfurt und Darmstadt. Zwar sind einige freundliche Absätze den beiden Sammlern gewidmet, ihrem intellektuellen Werdegang und ihren Leistungen, aber wenn der Leser dann erwartet, in die Galerie geführt zu werden, wird ihm ein ausführlicher Exkurs über das Schicksal der Kunst im Mittelalter vorgesetzt. Das „Dombild" (das Goethe in Köln gesehen hatte) wird auf einigen Seiten behandelt, aber streng genommen läßt er nur zwei Bildern aus den vielen Gemälden in der Galerie besondere Aufmerksamkeit zuteil werden, und sogar diese werden nicht so sehr um ihrer selbst willen herausgehoben als um jener „begrifflichen Einsichten" willen, von denen Goethe in seinem Brief an Zelter gesprochen hat.

Es ist wahr, daß Scheherazade versprochen hatte, mit ihrer Geschichte fortzufahren; die Brüder hörten nie auf, Goethe zu bedrängen, sein Versprechen zu halten. Es ist auch richtig, daß ein dritter Besuch, den er für den Herbst geplant hatte, nicht zustande kam, da der Wagen, in dem er mit Heinrich Meyer fuhr, einen Achsenbruch erlitt und die beiden nur knapp schweren Verletzungen entgingen. Aber es kann wohl nicht geleugnet werden, daß Goethes theoretische Bedenken seine persönlichen Zuneigungen überwunden hatten und daß er seine Freunde in der Tat im Stich ließ. Wenn der Aufsatz nach wie vor wert ist, gelesen zu werden, so ruht das auf den „Begriffen", die sich Goethe selbst erarbeitet hatte. Tatsächlich ist jeder Grund zur Annahme gegeben, daß dies einer der Punkte war, von denen Sulpiz zugab, von Goethe „eine Menge gelernt" zu haben, ohne ihn doch ganz zu verstehen.

Nachdem Goethe eine herkömmliche Darstellung des steifen und mumifizierten Stils byzantinischer Malerei gegeben hatte, den er von einigen späten russischen Ikonen aus seinem Besitz kannte, trat er einen Schritt zurück und erklärte die „großen Verdienste", die der Stil, der in den Zünften am Leben erhalten wurde, dem Erbe der Griechen und Römer verdankte.

Denn wenn wir sie früher nicht mit Unrecht mumisirt genannt haben, so wollen wir bedenken, daß bei den ausgehöhlten Körpern, bei vertrockneten und verharzten Muskeln dennoch die Gestalt des Gebeins ihr Recht behaupte . . .

Die höchste Aufgabe der bildenden Kunst ist, einen bestimmten Raum zu verzieren, oder eine Zierde in einen unbestimmten Raum zu setzen; aus dieser Forderung entspringt alles, was wir kunstgerechte Komposition heißen. Hierin waren die Griechen, und nach ihnen die Römer, große Meister.

Alles, was uns daher als Zierde ansprechen soll, muß gegliedert sein, und zwar im höhern Sinne, daß es aus Theilen bestehe, die sich wechselsweise auf einander beziehen. Hiezu wird erfordert, daß es eine Mitte habe, ein Oben und Unten, ein Hüben und Drüben, woraus zuerst Symmetrie entsteht, welche, wenn sie dem Verstande völlig faßlich bleibt, die Zierde auf der geringsten Stufe genannt werden kann. Je mannigfaltiger dann aber die Glieder werden und je mehr jene anfängliche Symmetrie verflochten, versteckt, in Gegensätzen abgewechselt, als ein offenbares Geheimniß vor unsern

Augen steht, desto angenehmer wird die Zierde sein und ganz vollkommen, wenn wir an jene ersten Grundlagen dabei nicht mehr denken, sondern als von einem Willkürlichen und Zufälligen überrascht werden.
An jene strenge, trockene Symmetrie hat sich die byzantinische Schule immerfort gehalten, und obgleich dadurch ihre Bilder steif und unangenehm werden, so kommen doch Fälle vor, wo durch Abwechslung die Gliederstellung bei Figuren, die einander entgegenstehen, eine gewisse Anmuth hervorgebracht wird. Diesen Vorzug also, . . . verbreiteten diese östlichen Kunst- und Handwerksgenossen über die damals ganze bekehrte Welt.[36]

Nach den italienischen Mosaiken, die er im „höchstschätzbaren" Werk d'Agincourts gesehen hatte (T. 8), kam er auf die Niederlande zu sprechen, die gleicherweise von der „byzantinischen Schule" beherrscht waren.

Eine allgemeine Charakteristik des erwachenden Naturgefühls in diesen Gegenden leitete über zu dem Absatz, der Goethes Meisterwerk in analytischer Beschreibung genannt zu werden verdient, seine Beschreibung des Gemäldes der Hl. Veronika in der Sammlung (T. 9 und 10), „weil sie zum Beleg des bisher Gesagten von mehrern Seiten dienen kann".[37]

Man wird vielleicht in der Folge entdecken, daß dieses Bild, was Komposition und Zeichnung betrifft, eine herkömmliche byzantinische heilige Vorstellung gewesen. Das schwarzbraune, wahrscheinlich nachgedunkelte, dorngekrönte Antlitz ist von einem wundersamen, edel schmerzlichen Ausdrucke. Die Zipfel des Tuchs werden von der Heiligen gehalten, welche, kaum ein Drittel Lebensgröße, dahinter steht und bis an die Brust davon bedeckt wird. Höchst anmuthig sind Mienen und Geberden; das Tuch stößt unten auf einen angedeuteten Fußboden, auf welchem in den Ecken des Bildes an jeder Seite drei ganz kleine, wenn sie stünden, höchstens fußhohe, singende Engelchen sitzen, die in zwei Gruppen so schön und künstlich zusammengerückt sind, daß die höchste Forderung an Komposition dadurch vollkommen befriedigt wird. Die ganze Denkweise des Bildes deutet auf eine herkömmliche, überlegte, durchgearbeitete Kunst, denn welche Abstraktion gehört nicht dazu, die aufgeführten Gestalten in drei Dimensionen hinzustellen und das Ganze durchgängig zu symbolisiren? Die Körperchen der Engel, besonders aber Köpfchen und Händchen, bewegen und stellen sich so schön gegen einander, daß dabei nichts zu erinnern übrig bleibt. Begründen wir nun hiemit das Recht, dem Bilde einen byzantinischen Ursprung zu geben, so nöthigt uns die Anmuth und Weichheit, womit die Heilige gemalt ist, womit die Kinder dargestellt sind, die Ausführung des Bildes in jene niederrheinische Epoche zu setzen, die wir schon weitläufig charakterisirt haben. Es übt daher, weil es das doppelte Element eines strengen Gedankens und einer gefälligen Ausführung in sich vereinigt, eine unglaubliche Gewalt auf die Beschauenden aus; wozu denn der Kontrast des furchtbaren, medusenhaften Angesichtes zu der zierlichen Jungfrau und den anmuthigen Kindern nicht wenig beiträgt."[38]

Er wandte sich dem „Dombild" zu, welches er, so wie die Brüder Boisserée, eine Generation zu früh datierte und beschränkte sich auf den Wunsch, daß

---

36 *Goethes sämtliche Werke*, XXIX, 206.
37 Ebenda, 209.
38 Ebenda, 209 f.

seine echten Verdienste historisch und kritisch angesehen werden: „Denn freilich wird es jetzt dergestalt mit Hymnen umräuchert, daß zu befürchten ist, es werde bald wieder so verdüstert vor den Augen des Geistes da stehen, wie es ehemals, von Lampen- und Kerzenruß verdunkelt, den leiblichen Augen entzogen gewesen.“[39] Auf jeden Fall datiert er es in die Epoche, in welcher Jan van Eyck bereits wirkte, und so kommt er zu dem Meister, dem der endgültige Bruch mit der Tradition zugeschrieben werden sollte. Der Leser braucht wohl nicht daran erinnert zu werden, daß der Columbaaltar (T. 11), von dem die beiden Sammler und ihre Besucher ihre Vorstellungen von dieser Kunst ableiteten, nicht von den van Eycks, sondern von Rogier van der Weyden ist, aber in jedem Fall schien das Gemälde zu beweisen, daß das Weglassen des ursprünglich byzantinischen Goldgrundes diese revolutionäre Kunst auszeichnete. Als der leidenschaftliche Erforscher der Farbenlehre hatte Goethe natürlich etwas Relevantes über die Effekte, die der „Erfinder der Ölmalerei“ dabei erzielt hatte, zu sagen, der es dahin gebracht hatte, daß er „. . . um nur von Gewändern und Teppichen zu reden, den Schein der Tafel weit über alle Erscheinung der Wirklichkeit erhob“:

> Ein solches muß denn freilich die ächte Kunst leisten; denn das wirkliche Sehen ist, sowohl in dem Auge als an den Gegenständen, durch unendliche Zufälligkeiten bedingt, da hingegen der Maler nach Gesetzen malt, wie die Gegenstände, durch Licht, Schatten und Farbe von einander abgesondert, in ihrer vollkommensten Sehbarkeit von einem gesunden, frischen Auge geschaut werden sollen.[40]

Darüber hinaus habe sich van Eyck „im Besitz der perspektivischen Kunst gesetzt und sich die Mannigfaltigkeit der Landschaft, besonders unendlicher Baulichkeiten, eigen gemacht, die nun an der Stelle des kümmerlichen Goldgrundes oder Teppiches hervortreten.“[41]

Aber Goethe war offensichtlich nicht bereit, einem Künstler uneingeschränktes Lob zukommen zu lassen, von dem er vorher nie gehört hatte und der sich nicht in den klassischen Kanon künstlerischer Vollkommenheit einordnen ließ, den er und seine Weimarer Freunde unter solchen Mühen in deutschen Landen heimisch machen wollte. Die Zeit war noch nicht gekommen, daß er bereit sein sollte, seine tolerantere Haltung in seinem berühmten Epigramm auszudrücken:

> Modernes:
> ‚Wie aber kann sich Hans van Eyck
> Mit Phidias nur messen?‘
> Ihr müsst, so lehr ich alsogleich
> Einen um den Anderen vergessen.
> Denn wärt ihr stets bei Einer geblieben,
> Wie könntet ihr noch immer lieben?

---

39 Ebenda, 212.
40 Ebenda, 214.
41 Ebenda, 214.

Das ist die Kunst, das ist die Welt,
Dass eins ums Andere gefällt[42]

Da er noch nicht bereit war, Phidias zu vergessen, fährt Goethe hier fort, seinen Bedenken über den Fortschrittsglauben in der Kunst Ausdruck zu geben, und gerade damit öffnete er neue Perspektiven.

Jetzt aber möchte es sonderbar scheinen, wenn wir aussprechen, daß er, materielle und mechanische Unvollkommenheiten der bisherigen Kunst wegwerfend, sich zugleich einer bisher im Stillen bewahrten technischen Vollkommenheit entäußerte, des Begriffs nämlich der symmetrischen Komposition. Allein auch dieses liegt in der Natur eines außerordentlichen Geistes, der wenn er eine materielle Schale durchbricht, nie bedenkt, daß über derselben noch eine ideelle geistige Gränze gezogen sei, gegen die er umsonst ankämpft, in die er sich ergeben, oder sie nach seinem Sinne erschaffen muß. Die Kompositionen Eycks sind daher von der größten Wahrheit und Lieblichkeit, ob sie gleich die strengen Kunstforderungen nicht befriedigen . . . In seinen uns bekannt gewordenen Bildern ist keine Gruppe, die sich jenen Engelchen neben der heiligen Veronika vergleichen könnte.[43]

Und nachdem er um die Geduld des Lesers gebeten hatte, gelangte er zur Formulierung, die wir an die Spitze dieses Aufsatzes gestellt haben, daß „jeder Vorschritt aus einem erstarrten, veralteten, künstlichen Zustand in die freie lebendige Naturwahrheit sogleich einen Verlust nach sich ziehe, der erst nach und nach, und oft in spätern Zeiten, sich wiederherstellt".[44]

Es liegt eine kuriose Ironie in der Tatsache, daß diese „späteren Zeiten" der Kunst Rogiers van der Weyden, dessen Triptychon Goethe für eine Arbeit des revolutionären Jan van Eyck halten mußte, und der von ihm vorhergesagten Phase nun wirklich entsprechen. Heute ist es ein Gemeinplatz kunsthistorischer Studien, daß Rogier van der Weyden auf mittelalterliche Kompositionsprinzipien zurückgriff. In meiner „Geschichte der Kunst" schrieb ich, ohne an Goethes Worte zu denken: „Er konnte dadurch viel von der überlieferten Klarheit und Feierlichkeit der Komposition in die neue Zeit hinüberretten, die sonst unter dem Eindruck der Entdeckungen van Eycks verloren gegangen wären."[45]

Wir wissen ja, daß das Bild der Brüder Boisserée von der künstlerischen Entwicklung im Norden, das sich Goethe zu eigen gemacht hat, gänzlich unzulänglich war. Aber eben deshalb darf man über Goethes Fähigkeit staunen, aufgrund so konfuser Nachrichten zu einer so tiefen Einsicht zu gelangen. Das Vorhergehende hat gezeigt, welche Motive da für ihn mitbestimmend waren, er wollte ja nicht gänzlich zur Partei der schwärmerischen Brüder übergehen. Es widerstrebte ihm, wie die anderen das Weihrauchfaß zu schwingen, die im Begriff standen, die echten Verdienste des „Dombildes" zu verdunkeln, und die sicherlich auch einer gerechten

---

42 Ebenda, II, 113.
43 Ebenda, XXIX, 214.
44 Ebenda, 214.
45 Ernst Gombrich, *Die Geschichte der Kunst,* 1986, 220.

Würdigung der Eyck'schen Revolution im Wege stehen würden. Es war Teil seiner Kunstanschauung, die er von den Alten übernommen hatte, daß künstlerische Vollkommenheit selten war. Der Überblick, den Quintilian über die griechischen Bildhauer gibt, ist hier charakteristisch: Polycletus übertrifft die anderen, was Sorgfalt und Grazie anlangt, aber obwohl er von vielen den Siegespreis erhält, sagen sie aus dem Bestreben, nichts unerwähnt zu lassen, daß es ihm an Größe fehlt; andrerseits wird Demetrius, der den Endpunkt in Quintilians Liste einnimmt, beschuldigt, daß er Realismus der Schönheit vorzog.[46] Goethe war die Aufgabe des Kritikers, die Vollkommenheit im aristotelischen Mittel zwischen den tadelnswerten Extremen zu suchen, völlig geläufig, aber erst er hat diese Lehre für die Geschichte fruchtbar gemacht.

Wie kam er dazu?

Jede Kritik von einigem Wert enthält auch eine Spur Selbstkritik. Goethes kritisches Verständnis mag aus seiner Selbstprüfung hervorgegangen sein. In Gesellschaft der Brüder Boisserée hatte er jeden Grund, sich an die Tage seiner Jugend zu erinnern, seine Leidenschaft für gotische Architektur und seine Verachtung der klassischen Regeln. Als Anführer des Sturm und Drang schlug er die aristotelische Forderung in den Wind mit seinem Drama „Götz von Berlichingen", auf das Herder mit der bekannten Äußerung reagierte: „Shakespeare hat Dich ganz verdorben!"[47] Seine allmähliche Bekehrung zu den Idealen der Klassik muß hier kaum dokumentiert werden. Worauf es hier ankommt, ist vielmehr seine wachsende Toleranz gegenüber den Franzosen, deren klassische Bühnendichtungen geradezu das rote Tuch seiner Jugendfreunde gewesen waren. Als er so weit ging, als Direktor des Weimarer Theaters Voltaires „Mahomet" zu inszenieren, fand es Schiller, der eine ähnliche Bekehrung nach den naturalistischen Exzessen der „Räuber" durchgemacht hatte, notwendig, diesen scheinbaren Verrat der früheren Ideale in einem Gedicht an Goethe zu rechtfertigen.[48] Diese Rechtfertigung klingt wie eine Vorwegnahme der Verteidigung der byzantinischen Tradition durch Goethe. Zu einer Zeit, in der Gesetzlosigkeit – so Schiller – in der Kunst herrschte, hielten sich die Franzosen zumindest an die tradierten Regeln des Dramas und waren sich klar, daß das Reich der Natur durch eine tiefe Kluft vom Reich der Kunst getrennt sei. Gerade die Künstlichkeit der Dramen Voltaires konnte als Gegengift gegen die Anarchie in der Kunst dienen: der Wert der Tradition, wie auch immer verknöchert, bliebe bestehen.

> Es droht die Kunst vom Schauplatz zu verschwinden,
> Ihr wildes Reich behauptet Phantasie;
> die Bühne will sie wie die Welt entzünden,

---

46 Quintilian, „Institutio Oratoria", 12, x: 9.

47 An J. G. Herder, Juli 1772, siehe Philipp Stein, Hsg.: *Goethes Briefe*, Berlin, 1. Bd., 1924, S. 216.

48 „An Goethe, als er den Mahomet von Voltaire auf die Bühne brachte." 1800.

Das Niedrigste und Höchste menget sie.
Nur bei dem Franken war noch Kunst zu finden,
Erschwang er gleich ihr hohes Urbild nie;
Gebannt in unveränderlichen Schranken
Hält er sie fest, und nimmer darf sie wanken.
Ein Heiliger Bezirk ist ihm die Szene;
Verbannt aus ihrem festlichen Gebiet
sind der Natur nachlässig rohe Töne,
Die Sprache selbst erhebt sich ihm zum Lied.

Mit anderen Worten: ein mumifizierter Klassizismus ist besser als gänzliche Formlosigkeit. Goethe teilte bestimmt Schillers Ansicht.

Gewiß, diese Hypothese über die Wurzeln von Goethes Einsicht läßt sich nicht beweisen. Was sich beweisen läßt, ist der Einfluß, den seine Analyse auf das damals entstehende Fach der Kunstgeschichte gewann. Im Jahre 1827, elf Jahre nach der Veröffentlichung des umstrittenen Aufsatzes von Goethe, veröffentlichte Carl Friedrich Rumohr (1785–1842), ein Generationsgenosse der Brüder Boisserée, seine „Italienischen Forschungen", die als die Grundlegung der deutschen Kunstgeschichte gelten dürfen.[49] Dort lesen wir, daß „Das höchste und unerläßlichste Stylgesetz der Malerey ... gebietet, in der Anordnung und Vertheilung von darstellenden, oder nur schmückenden und füllenden Formen und Lineamenten, Maß und inneres Verhältniß zu beobachten."[50] Aufgrund dieser Anschauung ist es nur logisch, daß Rumohr Giotto gegenüber genauso reserviert bleibt wie Goethe es gegenüber der Kunst van Eycks war. „Unter diesen Umständen weiß ich nicht, was Einige wollen, welche sich mit aller Kraft daran gesetzt haben, die Richtung und Leistung des Giotto als das Erhabenste der neueren Zeit auszupreisen. Meinten sie, daß er ein lebendiger, geistreicher, beobachtender, nachdenkender Künstler gewesen, so dürften wir einstimmen. Doch fürchte ich, daß sie wähnen, er habe eben solche Ideen, welche die Seele der christlichen Kunstbestrebungen sind, in besonderer Tiefe und Reinheit aufgefaßt; und hier dürften sie im Irrthum seyn . . ."[51]

Die weiteren Auswirkungen dieser Einstellung auf die Entwicklung der Kunstgeschichte müßte einer anderen Studie vorbehalten sein.

---

49 Vgl. Julius von Schlossers Einleitung zur Neuauflage vom Jahre 1920, Frankfurt am Main, unter dem Titel „Carl Friedrich von Rumohr als Begründer der neueren Kunstforschung".
50 Ebenda, 65.
51 Ebenda, 273.

T. 2: Selbstporträt von Johann Heinrich Meyer nach Hans Wahl (Hg.), Zeichnungen von Johann Heinrich Meyer, Weimar 1918, Tafel 1, (S. 55).

T. 3: Fra Angelico: Krönung Mariens. Paris, Louvre, (S. 59).

T. 4: Rembrandt: Saskia. Staatliche Kunstsammlungen Kassel, Gemäldegalerie Alter Meister, (S. 64).

T. 5: Pierre Jean David D'Angers: Kolossalbüste Goethes. Weimar 1829, Großherzogliche Bibliothek, Weimar, nach Propyläen Ausgabe, Goethes Sämtliche Werke, 1. Suppl., Die Bildnisse Goethes. Hg. von Ernst Schulte-Strathans, Tafel 158, (S. 67).

5. Das Symbol des Schleiers*

Psychologische Betrachtungen zu Schillers Dichtung

Die philosophischen Gedichte Schillers sind einzigartig in der gesamten Literaturgeschichte.[1] Wer in ihm hauptsächlich den Philosophen sieht, der Kants Gedanken auf die Literaturkritik anwandte, mag wohl der Versuchung unterliegen, sie als eine späte Blüte des didaktischen Genres anzusehen, das bis auf Lucretius zurückgeht und im 18. Jahrhundert als wissenschaftliches Lehrgedicht florierte. Aber sie bloß in dieser Sicht zu sehen, wäre gewiß einseitig. Ich darf mich hier auf Wilhelm von Humboldt berufen, der während der Jahre, in denen diese Meisterwerke entstanden, mit Schiller im ständigen Gedankenaustausch stand und sogar gewisse Änderungen im Versmaß und der Wortwahl anregte. „Wie es in einem Dichter nicht anders sein könnte", so schreibt er, entwickelten sich in Schiller selbst „die philosophischen Ideen aus dem Medium der Phantasie und des Gefühls".[2] Mit anderen Worten, die poetische Vision kam bei Schiller immer zuerst und obwohl er sich standhaft und erfolgreich bemühte, seine Visionen auch in die systematische Sprache der Kant'schen Philosophie zu übertragen, können selbst seine tiefen und schwierigen philosophischen Aufsätze auch als Versuche angesehen werden, seine elementaren emotionellen Konflikte zu rationalisieren und ihnen sprachlichen Ausdruck zu verleihen.

Diese Auffassung führt direkt auf mein Thema zu, nämlich das der Psychoanalyse und ihres Einflusses auf die Künste und Geisteswissenschaften. Gerade darum verwendete ich den Begriff der Rationalisierung, der ja aus der psychoanalytischen Theorie stammt und es ist auch im Einklang mit dieser Theorie, daß ich hier die Aufmerksamkeit auf ein stets wiederkehrendes Motiv im Schaffen Friedrich Schillers lenken will. Ich verdanke meine Einführung in die psychoanalytische Gedankenwelt meiner Zusammenarbeit mit dem Psychoanalytiker Ernst Kris. Von ihm

---

* Vortrag der Serie „Chichele Lectures", All Souls College, Oxford, 1984. Veröffentlicht als: „The Symbol of the Veil: Psychological Reflections on Schiller's Poetry", in: Freud & the Humanities, hsg. von Peregrine Horden, London und New York, 1985, 75–109.

1 Für Zitate von Schiller siehe Gerhard Fricke und Herbert G. Göpfert, Hsg., *Schillers Sämtliche Werke,* München, 1965, in der Folge mit SW abgekürzt.

2 Wilhelm von Humboldt.: Vorerinnerung über Schiller und den Gang seiner Geistesentwicklung, 1830, die er seiner Ausgabe der Korrespondenz: *Der Briefwechsel zwischen Friedrich Schiller und Wilhelm von Humboldt* als Vorwort voranstellte. Hsg. von Siegfried Seidel, Berlin, 1962, 44.

habe ich auch gelernt, daß die psychoanalytische Fragestellung, richtig angewendet, durchaus keinerlei Abwertung des künstlerischen Schaffensprozesses mit sich bringt.[3] Glücklicherweise haben wir Freuds eigene Worte dafür, daß er jede Art des Reduktionismus gänzlich ablehnte. Als er im Jahre 1920 seinen Aufsatz über Dostojewsky an Stefan Zweig sandte, begleitete er ihn mit den Worten: „Von Ihnen brauche ich das Mißverständnis nicht zu besorgen, daß diese Hervorhebung des sogenannt Pathologischen die Großartigkeit der poetischen Schöpfungskraft Dostojewskis verkleinern oder aufklären wollte".[4] Auch ich will die Großartigkeit der poetischen Schöpfungskraft Friedrich Schillers gewiß weder verkleinern noch aufklären. Was ich von der Psychoanalyse gelernt habe, ist, gerade die Fähigkeit des genialen Künstlers zu respektieren, aus den Impulsen seiner Gefühlskonflikte Schöpfungen erstehen zu lassen, die nicht nur für ihn, sondern auch für andere Gültigkeit haben. Dabei fehlt mir die Kompetenz und offen gesagt auch die Neigung, mich hier der technischen Terminologie der Psychoanalyse zu bedienen. Wir bedürfen ihrer auch gar nicht. Freud gab manchmal seiner Überzeugung Ausdruck, daß Schriftsteller und Dichter einen intuitiven Zugang zu den unbewußten psychischen Vorgängen hatten, die die systematischeren Formulierungen seiner Theorie vorwegnahmen. Mit anderen Worten, sie wußten oft um Dinge, die dem Freud'schen Unbewußten angehören. Seltsamerweise war Schiller hier päpstlicher als der Papst oder ein radikalerer Freudianer als Freud. In einem bemerkenswerten Brief an Goethe vom 27. März 1801 kommt er auf die Rolle des Unbewußten in der Kunst und Dichtung zu sprechen – wobei er es nicht das Unbewußte, sondern das Bewußtlose nannte.[5] Er habe Schelling „den Krieg gemacht wegen seiner Behauptung . . . daß ‚in der Natur von dem Bewußtlosen angefangen werde, um es zum Bewußten zu erheben, in der Kunst hingegen man vom Bewußtsein ausgehe zum Bewußtlosen'". „In der Erfahrung fängt auch der Dichter nur mit dem Bewußtlosen an, ja er hat sich glücklich zu schätzen, wenn er durch das klarste Bewußtsein seiner Operationen nur so weit kommt, um die erste dunkle Totalidee seines Werks in der vollendeten Arbeit ungeschwächt wiederzufinden. Ohne eine solche dunkle, aber mächtige Totalidee, die allem Technischen vorhergeht, kann kein poetisches Werk entstehen, und die Poesie, deucht mir, besteht eben darin, jenes Bewußtlose aussprechen und mitteilen zu können, d. h. es in ein Objekt überzutragen." Der Brief erinnert uns nicht nur an die tiefe Verwurzelung der psychoanalytischen Gedankenwelt an die Deutsche Romantik, er ermächtigt mich auch, nach der dunklen, aber

3 Gewiß mag es Anwendungen der Psychoanalyse auf die Malerei und Dichtkunst geben, die tatsächlich die scharfe Kritik von C. S. Lewis in seinem geistreichen Aufsatz über Psychoanalyse und Literaturkritik verdienen, weil sie das Künstlerische in der Kunst vergessen. Neuaufgelegt in *They asked for a Paper,* London 1962, 120–138.
4 Ernst L. Freud, *Freud, Briefe, 1873–1939,* Frankfurt am Main, 1960, 332.
5 Hugo von Hofmannsthal, *Schillers Selbstcharakteristik,* Frankfurt am Main, 1959, 138.

mächtigen Totalidee Ausschau zu halten, die Schiller in so vielen seiner Werke in ein Objekt zu übertragen vermochte. Schiller faßt es so zusammen: „Das Bewußtlose mit dem Besonnenen vereinigt macht den poetischen Künstler aus."[6]

Wie ich bereits im Titel angedeutet habe, zeigt sich mir jene mächtige Totalidee in einem Bild, dem Symbol des Schleiers. Im Jahre 1795 schrieb er ein Gedicht, das dieses Symbol zum Mittelpunkt hat, „Das verschleierte Bild von Sais", das uns zu den sagenumwobenen Weisen des alten Ägypten führt, den Priestern der Isis, die wir auch aus Mozarts „Zauberflöte" kennen, die in jenen Jahren in den Opernhäusern Europas nach Mozarts vorzeitigem Tod Triumphe feierte.

Ein wissensdurstiger Jüngling auf der Suche nach der geheimen Weisheit der Priester zu Sais verlangte von dem Hierophanten ungeduldig nichts weniger als die ganze Wahrheit.

> Indem sie einst so sprachen, standen sie
> In einer einsamen Rotonde still,
> Wo ein verschleiert Bild von Riesengröße
> Dem Jüngling in die Augen fiel. Verwundert
> Blickt er den Führer an und spricht: „Was ist's,
> Das hinter diesem Schleier sich verbirgt?" –
> „Die Wahrheit", ist die Antwort – „Wie?" ruft jener,
> „Nach Wahrheit streb ich ja allein, und diese
> Gerade ist es, die man mir verhüllt?"
>
> „Das mache mit der Gottheit aus", versetzt
> Der Hierophant. „Kein Sterblicher", sagt sie,
> „Rückt diesen Schleier, bis ich selbst ihn hebe.
> Und wer mit ungeweihter, schuld'ger Hand
> Den heiligen, verbotnen früher hebt,
> Der, spricht die Gottheit" – „Nun?" „Der sieht die Wahrheit."
> „Ein seltsamer Orakelspruch! Du selbst,
> Du hättest also niemals ihn gehoben?"
> „Ich? Wahrlich nicht! Und war auch nie dazu
> Versucht" – „Das faß ich nicht. Wenn von der Wahrheit
> Nur diese dünne Scheidewand mich trennte" –
> „Und ein Gesetz", fällt ihm sein Führer ein,
> „Gewichtiger, mein Sohn, als du es meinst,
> Ist dieser dünne Flor – Für deine Hand
> Zwar leicht, doch zentnerschwer für dein Gewissen."
>
> Der Jüngling ging gedankenvoll nach Hause;
> Ihm raubt des Wissens brennende Begier
> Den Schlaf, er wälzt sich glühend auf dem Lager
> Und rafft sich auf um Mitternacht. Zum Tempel
> Führt unfreiwillig ihn der scheue Tritt.
> Leicht ward es ihm, die Mauer zu ersteigen,

---

6 Fritz Jonas, Hsg., *Schillers Briefe,* Stuttgart, 1892–1922, 138–139.

Und mitten in das Innre der Rotonde
Trägt ein beherzter Sprung den Wagenden.

Hier steht er nun, und grauenvoll umfängt
Den Einsamen die lebenlose Stille,
Die nur der Tritte hohler Widerhall
In den geheimen Grüften unterbricht.
Von oben durch der Kuppel Öffnung wirft
Der Mond den bleichen, silberblauen Schein,
Und furchtbar wie ein gegenwärt'ger Gott
Erglänzt durch des Gewölbes Finsternisse
In ihrem langen Schleier die Gestalt.

Er tritt hinan mit ungewissem Schritt;
Schon will die freche Hand das Heilige berühren,
Da zuckt es heiß und kühl durch sein Gebein,
Und stößt ihn weg mit unsichtbarem Arme.
Unglücklicher, was willst du tun? so ruft
In seinem Inneren eine treue Stimme.
Versuchen den Allheiligen willst du?
Kein Sterblicher, sprach des Orakels Mund,
Rückt diesen Schleier, bis ich selbst ihn hebe.
Doch setzte nicht derselbe Mund hinzu:
Wer diesen Schleier hebt, soll Wahrheit schauen?
„Sei hinter ihm, was will! Ich heb ihn auf."
(Er ruft's mit lauter Stimm.) „Ich will sie schauen." „Schauen!"
Gellt ihm ein langes Echo spottend nach.

Er spricht's und hat den Schleier aufgedeckt.
„Nun", fragt ihr, „und was zeigte sich ihm hier?"
Ich weiß es nicht. Besinnungslos und bleich,
So fanden ihn am andern Tag die Priester
Am Fußgestell der Isis ausgestreckt.
Was er allda gesehen und erfahren,
Hat seine Zunge nie bekannt. Auf ewig
War seines Lebens Heiterkeit dahin,
Ihn riß ein tiefer Gram zum frühen Grabe.
„Weh Dem", dies war sein warnungsvolles Wort.
Wenn ungestüme Fragen in ihn drangen,
„Weh Dem, der zu der Wahrheit geht durch Schuld,
Sie wird ihm nimmermehr erfreulich sein."

Wir wissen die Quelle der Legende, die Schiller inspirierte. Es muß die Fußnote gewesen sein, die Immanuel Kant dem Absatz über das Genie in seiner „Kritik der Urteilskraft" folgen ließ: „Vielleicht ist nie etwas Erhabeneres gesagt oder ein Gedanke erhabener ausgedrückt worden, als in jener Aufschrift über dem Tempel der Isis (der Mutter Natur): ‚Ich bin alles, was ist, was war, und was sein wird; kein sterblicher Mensch hat meinen Schleier aufgehoben.'" Kant verweist hier auf die Darstellung dieser Idee auf dem Titelblatt Johann Andreas Segners „Einleitung in die Natur-Lehre", (Göttingen 1754), um seinen Lehrling „. . . vorher mit dem heiligen Schauer zu erfüllen, der das Gemüt zu feierlicher Aufmerksamkeit stimmen soll"[7] (T. 12). Schiller hatte schon sechs Jahre vor der Abfassung des Gedichtes auf diese Inschrift in seiner Schrift „Die Sendung Moses" hingewiesen, in der er argumentierte, daß der Glaube notwendigerweise esoterisch bleiben müsse.[8] Aber in dem Gedicht, das ich eben zitierte, ist der Anwendungsbereich gewiß viel weiter gezogen; wir brauchen auch nicht lange zu rätseln, denn der Sinn, der in der Form einer Parabel geheimnisvoll bleiben soll, kommt in einem anderen Gedicht unter dem Titel „Poesie des Lebens" im selben Jahr ganz offen zum Ausdruck. Es richtet sich an einen Freund, der, wenn ich so sagen darf, alle Schleier verabscheut. Wir hören nämlich, daß er ein strikter Realist ist, der die Wahrheit entblößt sehen will. Die Folgen dieser kompromißlosen Forderung sind so katastrophal wie die der frevelhaften Tat des Jünglings im Tempel.

Erschreckt von deinem ernsten Worte,
Entflieht der Liebesgötter Schar,
Der Musen Spiel verstummt, es ruhn der Horen Tänze,
Still trauernd nehmen ihre Kränze
Die Schwestergöttinnen vom schön gelockten Haar,
Apoll zerbricht die goldne Leier,
Und Hermes seinen Wunderstab,
Des Traumes rosenfarbner Schleier
Fällt von des Lebens bleichem Antlitz ab.
Die Welt scheint, was sie ist, ein Grab.
Von seinen Augen nimmt die zauberische Binde
Cytherens Sohn; die Liebe *sieht,*
Sie sieht in ihrem Götterkinde
Den Sterblichen, erschrickt und flieht,
Der Schönheit Jugendbild veraltet,
Auf deinen Lippen selbst erkaltet
Der Liebe Kuß, und in der Freude Schwung
Ergreift dich die Versteinerung.

Ich glaube, daß es kein anderes Gedicht von Schiller gibt, in dem die „dunkle, mächtige Totalidee" so nahe an die Oberfläche kommt wie in dieser an einen Materialisten gerichteten Mahnung. Jetzt wissen wir, warum der Jüngling von Sais nie mehr Freude empfinden konnte, nachdem

---

7 Immanuel Kant, *Kritik der Urteilskraft,* I. Teil, I. Buch, § 49, 1790. Die Quelle für die Aufschrift ist Plutarch „De Iside et Osiride", 354 C. Pierre Hadot diskutierte ausführlich Hintergrund und Verzweigungen im Geistesleben des 18. Jahrhunderts: „Zur Idee der Naturgeheimnisse", in *Abhandlungen der Akademie der Wissenschaften und der Literatur in Mainz, geistes- und sozialwissenschaftliche Klasse,* 1982, Nr. 8, 3–33, mit Abbildung des Titelbildes von Segner. Mein Dank Herrn Professor Ernst Kitzinger für diesen Hinweis sei hiermit ausgesprochen.

8 „Die Sendung Moses", SW, 4, 792. Schiller bezieht sich auch auf die Inschrift in *Über das Erhabene,* SW, 5, 508.

er den Schleier der Wahrheit gelüftet hatte. Die Erkenntnis der Wahrheit ist für uns Sterbliche unerträglich. Ich fürchte, daß Schiller seine krasse Botschaft am Ende der Parabel mit der Einschränkung „Weh Dem, der zu der Wahrheit geht *durch Schuld*“ etwas verschleiert hat. Denn es ist immer ein schuldiges Begehren, mehr wissen zu wollen als gut für uns ist.

Ich glaube auch, daß ich mich nicht zu weit auf das Gebiet des Psychoanalytikers verirre, wenn ich aus dem zweiten Gedicht die Folgerung ziehe, daß Schiller hier von der Wahrheit als von dem Verlust der Unschuld spricht, der nach einer weitverbreiteten Deutung der Hl. Schrift dem Verbot, vom Baum der Erkenntnis zu essen, zugrunde liegt. Heißt es doch in der Sprache Luthers, daß Maria „von keinem Manne erkannt wurde“. Um diese Erkenntnis geht es hier offenbar:

> . . . die Liebe *sieht,*
> Sie sieht in ihrem Götterkinde
> Den Sterblichen, erschrickt und flieht.

Das Erkennen, der Liebesakt, führt zu Enttäuschung und Ernüchterung. Wenn wir einmal auf diesen tief verwurzelten psychologischen Konflikt aufmerksam geworden sind, stoßen wir in verschiedenen Gestalten immer wieder auf ihn. Nicht unerwartet taucht er in Schillers populärstem Gedicht „Das Lied von der Glocke“ aus dem Jahre 1799 auf, wo er die Form einer volkstümlichen Erfahrung annimmt, aber das Bildnis des Schleiers beibehält:

> Drum prüfe, wer sich ewig bindet,
> Ob sich das Herz zum Herzen findet!
> Der Wahn ist kurz, die Reu ist lang.
> Lieblich in der Bräute Locken
> Spielt der jungfräuliche Kranz,
> Wenn die hellen Kirchenglocken
> Laden zu des Festes Glanz.
> Ach! des Lebens schönste Feier
> Endigt auch den Lebens-Mai,
> Mit dem Gürtel, mit dem Schleier
> Reißt der schöne Wahn entzwei.

Und schließlich drückt Schiller in einem langen Gedicht „Kassandra“ aus dem Jahre 1802 seine Furcht vor der Wirklichkeit noch krasser in den bündigsten Strophen aus:

> Frommt's, den Schleier aufzuheben,
> Wo das nahe Schrecknis droht?
> Nur der Irrtum ist das Leben,
> Und das Wissen ist der Tod.
> Nimm, o nimm die traur'ge Klarheit,
> Mir vom Aug den blut'gen Schein!
> Schrecklich ist es, deiner Wahrheit
> Sterbliches Gefäß zu sein.

Meine Blindheit gib mir wieder
Und den fröhlich dunkeln Sinn!
Nimmer sang ich freud'ge Lieder,
Seit ich *deine* Stimme bin.
Zukunft hast du mir gegeben,
Doch du nahmst den Augenblick,
Nahmst der Stunde fröhlich Leben;
Nimm dein falsch Geschenk zurück!

... Mir erscheint der Lenz vergebens,
Der die Erde festlich schmückt;
Wer erfreute sich des Lebens,
Der in seine Tiefen blickt!

Wiederum ist der tiefe Pessimismus der Zeilen mit dem Erotischen in Verbindung gebracht, wie Kassandra gesteht:

... Gerne möcht' ich mit dem Gatten
In die heimisch Wohnung ziehn;
Doch es tritt ein stygscher Schatten
Nächtlich zwischen mich und ihn.

Mag man einwenden, daß „Kassandra" als dramatische Schöpfung nicht notwendigerweise für den Dichter selbst spricht, aber dieselbe Angst vor der Wirklichkeit bricht in anderen Gedichten durch, wie z. B. in der Ballade „Der Taucher" aus dem Jahre 1797, in dem der Taucher bei seiner Rückkehr aus der Meerestiefe ausruft:

Lang lebe der König! Es freue sich,
Wer da atmet im rosichten Licht.
Da unten aber ist's fürchterlich,
Und der Mensch versuche die Götter nicht,
Und begehre nimmer und nimmer zu schauen,
Was sie gnädig bedecken mit Nacht und Grauen.

Hier handelt es sich nicht um einen wirklichen Schleier, sondern um das barmherzige Verschleiern der Schrecknisse der Tiefe, deren Anblick wir uns niemals wünschen sollen.

Sogar bei der Abfassung des Trinkliedes „Dithyrambe" (1796) konnte er denselben Gedanken nicht unterdrücken.

Reich ihm die Schale! Schenke dem Dichter, Hebe, nur ein!
Netz ihm die Augen mit himmlischem Taue,
Daß er den Styx, den verhaßten, nicht schaue,
Einer der Unsern sich dünke zu sein.

Wenn wir uns vor Augen halten, daß derselbe Dichter das ekstatische Trinklied „An die Freude" (1785) schrieb, das Beethoven unsterblich machte, dann stehen wir vor einem psychologischen Rätsel, mit dem sich weder Schillers Bewunderer noch seine Kritiker genügend auseinandergesetzt haben. Er wurde manchmal als ein allzu naiver Idealist abgeurteilt, dessen Predigten an Platitüden grenzten. Aber diese Auffassung verträgt sich durchaus nicht mit den bisher besprochenen Stellen. Schließlich verbindet man einen naiven Idealismus gewiß nicht mit einer solchen fast inbrünstigen Verehrung des Irrtums. Diese Verleugnung der Realität, die Unwilligkeit, den Tatsachen in die Augen zu schauen, spricht noch stärker aus seinen Gedichten als aus seinen philosophischen Schriften. Dieses Element der Angst, fast schon Ekel vor der nackten Wirklichkeit, entspringt wohl den seelischen Konflikten, die er trotz Not und Krankheit in seinem kurzen Leben zu beherrschen und sublimieren gelernt hatte.

Die Gedichte, die ich bisher zitiert habe, stammen alle aus Schillers reiferen Jahren. Wir müssen uns daher den früheren Werken zuwenden, wenn wir ihren psychologischen Wurzeln nachgehen wollen. Im Ton und Charakter heben sich seine frühen Werke ganz entschieden von seinen späteren Meisterwerken ab. Die tyrannische Disziplin an der Militärakademie des Herzogs von Württemberg hatte ihn zum Rebellen gemacht. Er schockierte seine Zeitgenossen als er im Alter von 21 Jahren sein revolutionäres Drama „Die Räuber" veröffentlichte, dem bald danach an die 30 lyrische Gedichte folgten, deren Ungestüm nicht weniger provozierend wirken konnte.

In diesen jugendlichen Werken aus dem Jahre 1781 steckt natürlich viel Peinliches und einige der ärgsten Zeilen und Strophen wurden später vom Dichter selbst getilgt, bevor er diese Ergüsse in die Ausgabe seiner gesammelten Gedichte aufnahm. Und trotzdem hat Hermann Weigand gewiß recht, wenn er diese krassen Jugendwerke als die psychologisch interessantesten Produkte der Laufbahn Schillers bezeichnet. Mit der unverblümten Sprache unserer Zeit begründet Professor Weigand sein Urteil mit der Bemerkung, „daß der männliche Geschlechtstrieb, manchmal unverhüllt, manchmal intellektualisierend maskiert, in den charakteristischsten Gedichten dieser Periode in Erscheinung tritt". Man versteht, was er meint, wenn man den eher abstoßenden Hymnus auf männliche Potenz („Ich bin ein Mann, wer ist es mehr?") mit dem ursprünglichen Titel „Kastraten und Männer", die anzüglichen Strophen in „Der Venuswagen", „Der Triumph der Liebe" und auch einige der „Oden an Laura" liest, in denen überall die sexuelle Ekstase genauso unverhüllt gefeiert wird. Die obszönen Stellen in den „Räubern", wie etwa der Bericht über die Vergewaltigung der Nonnen, gehören in dasselbe Kapitel. Man muß demselben Autor auch zustimmen, wenn er sagt, daß „die Begierde auch in den späteren Gedichten und Aufsätzen Schillers eine Rolle spielt, wo es allerdings darum geht, daß die unreinen Triebe der interesselosen Betrachtung aufgeopfert werden sollen". Ich bin weniger überzeugt von seiner Diagnose, daß das Geschlechtserlebnis „Schiller im Innersten seines Wesens mit dem Konflikt zwischen Trieb und Pflicht konfrontierte".[9] Es scheint mir nämlich, daß die Gedichte aus den späteren Jahren, die ich zitiert habe, uns einen Konflikt vor Augen führen, der noch tiefer geht als die ethische Entscheidung zwischen Trieb und Tugend.

Wie wir gesehen haben, ist es nicht schlichtes erotisches Verlangen, von dem seine Gedichte handeln, sondern eine Begierde, die sich nicht mehr von Abscheu trennen läßt. Gewiß kann diese Flucht vor dem Fleisch mit der orthodoxen christlichen Lehre von der Erbsünde und dem Sündenfall in Verbindung gebracht werden und es trifft auch zu, daß die Geschichte des Sündenfalls in einem seiner turbulenten Liebesgedichte an Laura behandelt wird, die ich vorhin erwähnt habe, ein Gedicht, in dem das Schleiersinnbild ebenfalls vorkommt.

Es heißt „Das Geheimnis der Reminiszenz" und hat den platonischen Mythus zum Vorwurf, nach dem das Männliche und das Weibliche einmal ein einziges Lebewesen waren. In diesem paradiesischen Zustand darf der Schleier zerreißen ohne Schrecknisse zu enthüllen.

> Unsern Augen riß der Dinge Schleier,
> Unsre Blicke, flammender und freier,
> Sahen in der Schöpfung Labyrinthen . . .

Aber das war, wohlgemerkt, vor dem Sündenfall. Denn das Gedicht endet mit einer zweideutigen Anspielung auf die verbotene Frucht – zweideutig, weil sie sich fast wie eine Apotheose der Sünde Evas liest:

> Laura – majestätisch anzuschauen
> Stand ein Baum in Edens Blumenauen;
> „Seine Frucht vernein ich eurem Gaume,
> Wißt! der Apfel an dem Wunderbaume
> Labt – mit Göttertraume."
>
> Laura – weine unsres Glückes Wunde! –
> Saftig war der Apfel ihrem Munde –
> Bald – als sie sich unschuldsvoll umrollten –
> Sieh! – wie Flammen ihr Gesicht vergoldten! –
> Und die Teufel schmollten.

Die Flammen sind wohl die Flammen der Hölle, weil die unschuldige Balgerei nicht unschuldig blieb. Daß „die Teufel schmollten" (d. h. grinsten) beweist, daß die Stimmung am Ende weit entfernt ist von der christlichen Deutung.

Schiller wollte ursprünglich protestantischer Pastor werden, aber da Theologie in der herzoglichen Akademie nicht unterrichtet wurde, wählte er widerwillig eine medizinische Laufbahn. Man kann nur spekulieren, ob

---

9 Herman J. Weigand, „Schiller: Transfiguration of a Titan", in *A Schiller Symposium in Observance of the Bicentenary of Schiller's Birth,* hsg. v. A. Leslie Wilson, Austin, Texas, 1960, 93.

seine Erlebnisse beim Sezieren und während seiner kurzen Spanne als Regimentschirurg zu seiner Überzeugung beitrugen, daß es besser war, nicht hinter den Schleier zu schauen. Was wir wissen, ist, daß die intellektuelle Lehre eines wohlwollenden und bewunderten Arztes einen anhaltenden Einfluß auf seine Ansichten behielt.[10]

Ich scheue mich nicht, in einer Untersuchung, die der psychologischen Interpretation gewidmet sein soll, auf dieses Ideensystem einzugehen, denn wenn ich einer Rechtfertigung für diesen Schritt bedürfte, fände ich sie in den Schriften meines einstigen Mentors Ernst Kris; er betonte immer, daß wir nie die besonderen historischen Umstände außer acht lassen dürfen, die psychologische Konflikte bestimmen.[11] Im Falle Schillers habe ich keinen Zweifel, daß seine medizinischen Studien ihn instand setzten, den ihn dominierenden Konflikt auszudrücken und zu objektivieren.

Die medizinische Dissertation, die Schiller verfaßte, hieß: „Über den Zusammenhang der tierischen Natur des Menschen mit seiner geistigen." Das Thema war besonders aktuell im Zeitalter der Aufklärung, als La Mettrie verkündet hatte, daß der Mensch eine Maschine sei, und als Holbach und Helvetius ihre verschiedenen materialistischen Systeme propagierten. Gegenüber dieser extremen Herausforderung bevorzugten Schillers Lehrer die Lehren der schottischen Philosophen Ferguson, Hutcheson und Reid, die die Beziehungen zwischen Körper, Geist und Universum auf ihre Weise deuteten. Worauf ich mich hier konzentrieren muß, ist der Platz, der dem Instinkt im Haushalt der Natur eingeräumt wurde. Der Instinkt oder welcher Terminus immer gewählt werden mag,[12] beherrscht das Leben der Tiere und hält auch die Handlungen und Gefühle der Menschen in seiner Macht und wenn er noch so sehr mit der reinen Geistigkeit in Konflikt kommt. Aber in vielen dieser philosophischen Systeme ist der Instinkt nicht bloß das Lebensprinzip; mit einem kühnen phantasievollen Sprung wird er mit der Stimme der Natur in einem pantheistischen Universum identifiziert, in welchem sogar die gegenseitige Anziehungskraft der Planeten als Manifestation der „Sympathie" angesehen wird.[13] Erinnern wir uns an das Lied „An die Freude": „Was den großen Ring bewohnet, huldiget der Sympathie." Das heißt also, daß in dieser vereinheitlichten Vision mit ihrem Anklang an Plato und an die Mystiker, der Instinkt oder der Geschlechtstrieb, wenn man will, als kosmisches Prinzip enthüllt wird und dies erklärt uns auch die übertriebene Sprache Schillers in seinen frühen Liebesgedichten, wie in seiner „Phantasie an Laura" (1781):

---

10 Vgl. das Buch von Kenneth Dewhurst und Nigel Reeves, *Friedrich Schiller: Medicine, Psychology and Literature*, Oxford, 1978, dem ich sehr viel verdanke.

11 *Psychoanalytic Explorations in Art*, New York, 1952, 29.

12 Vgl. Wolfgang Düssing, *Begriffsregister zu den theoretischen Schriften*, Anhang zu SW.

13 Der Übergang schien zweifelsohne natürlich von der kosmologischen Doktrin, daß es die Liebe ist, „die die Himmel bewegt" (Dante) zur Identifizierung dieser gegenseitigen Liebe mit der Newton'schen Anziehung.

Meine Laura! Nenne mir den Wirbel,
Der an Körper Körper mächtig reißt,
Nenne, meine Laura, mir den Zauber,
Der zum Geist gewaltig zwingt den Geist!

Sieh! er lehrt die schwebenden Planeten
Ewgen Ringgangs um die Sonne fliehn . . .

und so weiter. Es ist diese kosmische Macht, wie der Dichter seiner Geliebten versichert, die sie beide in ihrer Liebe mit Leben erfüllt und die nur mit dem Universum untergehen kann.

Und doch muß eine derartige Verherrlichung der geschlechtlichen Liebe als Naturgesetz Folgen haben, die notwendigerweise ein reflektierendes Naturell wie Schiller beunruhigen mußten. Die ganze ekstatische Feier des Instinkts konnte doch wohl kaum die logische Folge vor ihm verbergen, daß, wenn der Instinkt die Welt in Bewegung hält, wir nichts anderes als Marionetten sind, Geschöpfe der Notwendigkeit oder des Zufalls.

Es war diese negative Folge der Lehre vom Menschen, die von den französischen Materialisten inspiriert war und die Schiller wie viele andere beunruhigte.[14] Ich glaube, daß es eher diese Bedrohung der menschlichen Freiheit ist als der Konflikt zwischen Trieb und Pflicht, der in den Gedichten, die ich am Anfang zitierte, weiterlebt. Erinnern wir uns daran, daß sobald Liebe „sieht": „sie sieht . . . den Sterblichen, erschrickt und flieht." Die Wahrheit unserer animalischen Natur ist diese schreckliche Wahrheit, die verhüllt werden muß. Das Gefühl des Ekels, der geradezu an Swift gemahnt, ist in den Monologen des Schurken Franz Moor in den „Räubern" völlig unverhüllt ausgedrückt. Der Wüstling Franz Moor rechtfertigt seinen geplanten Vater- und Brudermord, indem er fragt, worin denn nun das Leben geheiligt werden könne: „Etwa im Aktus selber, durch den ich entstund? – Als wenn dieser etwas mehr wäre, als viehischer Prozeß zur Stillung viehischer Begierden? –" Und er fährt fort: „Seht also, das ist die ganze Hexerei, die ihr mit einem heiligen Nebel verschleiert, unsre Furchtsamkeit zu mißbrauchen."[15] Franz, wie man sieht, hat die nackte Natur hinter dem frommen Schleier gesehen, und was er gesehen hat, war nichts als viehische Brutalität – die ihn scheinbar verfolgt, denn er kehrt später zum selben Thema zurück, als er darüber nachdenkt, daß das Dasein der meisten Menschen wohl an der „Hitze eines Sommernachmittags" hängen mag, am „anziehenden Anblick eines Bettuchs" oder an der „waagrechten Lage einer Küchengrazie", die die viehische Anwandlung ausgelöst hatten, die zur Geburt eines Menschen führten.[16]

---

14 Schiller schreibt in seinem frühen Bericht über die psychologischen Nöte eines Mitstudenten namens Grammont die tiefen Depressionen seines Patienten hauptsächlich den quälenden metaphysischen Zweifeln zu. Vgl. Walter Hoyer, Hsg., *Schillers Leben dokumentarisch,* Köln, 1967, 47.

15 Akt 1, Szene 1.

16 Akt 4, Szene 2.

Natürlich kann eingewendet werden, daß es nicht ansteht, dem Dichter die Meinungen zu unterschieben, die er in den Mund seines grotesken Bösewichts legt, und das ist natürlich richtig. Doch hat Schiller selbst im Vorwort zur ersten Ausgabe des Stückes ausdrücklich bekannt, daß jeder Dichter „augenblicklich seine nächtlichen Labyrinthe durchwandern" dürfe und es ist in diesen Niederungen, wo er seinen Franz Moor fand. Schiller schreibt darüber hinaus in einem berühmten Brief, in dem er sein Stück „Don Carlos" mit Reinwald vom 14. April 1783 diskutiert und der jene intuitive Selbsterkenntnis, die Freud dem Dichter zugesteht, offenbart: „Alle Geburten unsrer Phantasie wären also zuletzt nur *wir selbst.*"

Es paßt in meinen Gedankengang, daß Schiller in demselben Brief erklärt, daß Liebe nichts anderes als ein glücklicher Betrug ist. „Erschrecken, entglühen, zerschmelzen wir das *fremde,* uns ewig nie eigen werdende, Geschöpf? Gewiß nicht. Wir leiden jenes alles nur für uns, für das *Ich,* dessen Spiegel jenes Geschöpf ist . . ."[17]

Was auch immer der unmittelbare Anlaß zu diesen Ergüssen gewesen sein mag – und wir wissen von Zeitgenossen, daß die ursprüngliche Laura keine sehr einnehmende Frau war[18] – so möchte ich mich hier nicht mit Schillers verschiedenen Gefühlsverstrickungen abgeben, sondern mit seinen Reaktionen auf die Zwischenfälle seines harten und ruhelosen Lebens. Kaum eine andere Schrift enthüllt mehr über diese intellektuellen und emotionellen Krisen als die „Philosophischen Briefe" aus dem Jahre 1786. Schiller griff zum Kunstmittel einer Korrespondenz zwischen zwei Freunden, Julius und Raphael, die die entgegengesetzten Pole des Schiller'schen geistigen Universums versinnbildlichen. Der erste ist ein enthusiastischer junger Mann, der zweite ein reifer Mensch, der den Jüngling seiner religiösen Ideale beraubt hatte. Im ersten Brief beklagt sich Julius bei Raphael: „Du hast mir den Glauben gestohlen, der mir Frieden gab. Du hast mich verachten gelehrt, wo ich anbetete. Tausend Dinge waren mir so ehrwürdig, ehe deine traurige Weisheit sie mir entkleidete." Im zweiten Brief schwillt die Klage an: „Unsere Philosophie ist die unglückliche Neugier des Ödipus, der nicht nachließ zu forschen, bis das entsetzliche Orakel sich auflöste: ‚Möchtest du nimmer erfahren, wer du bist.'"[19] Es ist eine Bemerkung, die einen Psychoanalytiker wohl aufhorchen läßt und das nicht nur wegen der Anspielung auf den Mythus. Die Frage, wer wir sind – so könnte man sagen – ist die Frage, wie wir geschaffen wurden, und die Antwort muß das schreckliche Geheimnis enthüllen, um mit Franz Moor zu sprechen, das hinter dem Schleier verborgen bleiben muß.

Allerdings wird der junge Enthusiast im Briefwechsel mit einigen beruhigenden Worten ermutigt, seine trübe Weisheit durch eine grandiose

---

17 Hoyer, ebenda, 112.

18 Sie hieß Luise Dorothea Vischer; vgl. den Index bei Hoyer. Über Schillers Beziehungen zu Frauen siehe auch Emil Staiger, *Friedrich Schiller,* Zürich, 1967, 17–18.

19 SW, 5, 339, 341.

Darstellung einer pantheistischen Theosophie zu ersetzen, was wohl der Grund für die Abfassung des Briefwechsels gewesen sein mag. Aber seine poetischen Ergüsse werden gleichsam in Anführungszeichen gesetzt. Die Korrespondenz endet mit einer freundlichen, aber kühlen Antwort des älteren Freundes, der auf die Grenzen des menschlichen Verstandes hinweist.

Indem er sich von seiner eigenen Vision einer tröstlichen Metaphysik distanzierte, setzte Schiller seinen ursprünglichen Gedankengang fort. Ich habe vorhin von der Verleugnung der Realität gesprochen. Jetzt können wir ihr einen anderen Namen geben, und zwar Akzeptierung der Phantasie. Was auch immer hinter dem Schleier verborgen sein mag, so müssen wir dankbar sein für die Fähigkeit des Menschen, in eine Traumwelt zu flüchten.

Vielleicht ist das erste Gedicht, in dem dieser Gedanke offen zum Ausdruck kommt, das Gedicht, das bezeichnenderweise „Resignation" (1781) heißt. Bezeichnenderweise stellt es auch eine Abrechnung mit der christlichen Erlösungshoffnung dar. Der Dichter steht vor dem letzten Richter und beansprucht seinen Lohn, habe er doch trotz aller Witzeleien der Zweifler um der versprochenen Seligkeit im Jenseits willen allem weltlichen Glück entsagt. Aber das Urteil des unsichtbaren Genius lautet anders.

„Zwei Blumen", rief er, „hört es, Menschenkinder,
Zwei Blumen blühen für den weisen Finder,
  Sie heißen *Hoffnung* und *Genuß*.
Wer dieser Blumen Eine brach, begehre
  Die andre Schwester nicht.
Genieße, wer nicht glauben kann. Die Lehre
Ist ewig wie die Welt. Wer glauben kann, entbehre!"

Vom Verzicht des Genusses handelt auch das Gedicht „Einer jungen Freundin ins Stammbuch" (1788), das um so rührender ist, wenn man sich klar macht, daß es an Schillers künftige Frau, Charlotte von Lengenfeld, gerichtet ist:

Sei glücklich in dem lieblichen Betruge,
Nie stürze von des Traumes stolzem Fluge
Ein trauriges Erwachen dich herab.
Den Blumen gleich, die deine Beete schmücken,
So pflanze sie – nur den entfernten Blicken;
Betrachte Sie – doch *pflücke* sie nicht *ab*!
Geschaffen, nur die Augen zu vergnügen,
Welk werden sie zu deinen Füßen liegen,
Je näher dir – je näher ihrem Grab!

Auch in seiner langen und schönen Dichtung „Die Götter Griechenlands" (1788) beklagt Schiller unseren Verlust der Unschuld, den Abschied von der poetischen Illusion antiker Mythen, die dem Fortschritt der Naturwissenschaften weichen mußten.

Da der Dichtkunst malerische Hülle
Sich noch lieblich um die Wahrheit wand,

Durch die Schöpfung floß da Lebensfülle,
Und was nie empfinden wird, empfand.

Wie kann das Universum Newtons uns diese glücklichen Illusionen ersetzen?

Unbewußt der Freuden, die sie schenket,
Nie entzückt von ihrer Trefflichkeit,
Nie gewahr des Armes, der sie lenket,
Reicher nie durch meine Dankbarkeit,
Fühllos selbst für ihres Künstlers Ehre,
Gleich dem todten Schlag der Pendeluhr,
Dient sie knechtisch dem Gesetz der Schwere,
Die entgötterte Natur.

Wieder hat der Fortschritt der Wissenschaft die Menschheit unglücklich gemacht; denn jetzt findet sie sich einem entfremdeten Kosmos gegenüber. Einst waren die heidnischen Götter ihre Gefährten; jetzt bleibt die transzendente Gottheit uns unerreichbar.

Bürger des Olymps konnt ich erreichen,
Jenem Gotte, den sein Marmor preist,
Konnte einst der hohe Bildner gleichen:
Was ist neben Dir der höchste Geist
Derer welche Sterbliche gebaren?
Nur der Würmer Erster, Edelster,
Da die Götter menschlicher noch waren,
Waren Menschen göttlicher.

Winston Churchill hat einmal gesagt, daß, wenn wir wirklich alle Würmer sind, er ein Glühwürmchen sein wollte. Schiller war derselben Ansicht. Und er nährte die Hoffnung, daß das ersehnte Glühen von den Künsten ausgehen würde. In einem langen rhapsodischen Gedicht aus dem Jahre 1789 unter dem Titel „Die Künstler" entwarf er das großartige Gemälde des Aufstiegs der Menschheit aus ihrer tierischen Existenz durch die Führung der Künste.

Es waren die Künste, die den Instinkt sublimieren halfen und einen bloßen Trieb in Liebe verwandelten.

Daß von des Sinnes niederm Triebe
Der Liebe bessrer Keim sich schied,
Dankt er dem ersten Hirtenlied,
Geadelt zur Gedankenwürde,
Floß die verschämtere Begierde
Melodisch aus des Sängers Mund.

Oder um zu meinem Leitmotiv zurückzukehren:

Ihr führet uns im Brautgewande
Die fürchterliche Unbekannte,
Die unerweichte Parze vor.

Ich brauche wohl nicht daran zu erinnern, daß das Brautgewand der Schleier ist.

Aber in diesem Gedicht, das vielleicht als das letzte Jugendgedicht Schillers gelten kann – er hat es in seinem dreißigsten Lebensjahr verfaßt –, wird noch immer die Hoffnung ausgedrückt, daß der Künstler nicht nur unsere tierische Natur verschleiern wird, sondern daß er letztlich die Menschheit darüber hinaus führen will. Die Erfahrung der Schönheit in der Kunst wird die Menschheit reifen lassen und in zukünftigen Jahrtausenden wird sie auch fähig sein, die unverschleierte Wahrheit zu schauen; oder um es in dem von Schiller bevorzugten Idiom einer mythologischen Metapher auszudrücken, wenn einmal die Menschheit mündig ist, wird sich Venus entschleiern und als die erhabene Urania vor ihr stehen:

Sie selbst, die sanfte Cypria,
Umleuchtet von der Feuerkrone,
Steht dann vor ihrem münd'gen Sohne
Entschleiert – als Urania, . . .[20]

Aber diese hoffnungsfreudigen Ahnungen eines ästhetischen Millenniums stammen aus der Zeit, bevor Schiller sich ernstlich dem Studium der Schriften Kants zu widmen begann, deren Lehren in Zukunft seine Gedankenwelt beherrschen sollten. Eines der Ergebnisse der Kant'schen *Kritiken* muß von unmittelbarer Relevanz für Schillers psychologische Konflikte gewesen sein. Er gewann die Überzeugung, daß weder die Ansprüche des Materialismus noch die der Religion vor dem Gericht der Vernunft bestehen konnten. Ihre angeblichen Beweise konnten gar nicht richtig sein. „Das Ding an sich" entzieht sich unserer Kenntnis, da wir außerhalb der uns eigenen Anschauungsformen von Raum und Zeit überhaupt keinen Gedanken fassen können.

Eines der ersten Gedichte, die Schiller nach einer Unterbrechung von sechs Jahren schrieb, war „Die Ideale" (1795), ein Abschied von seiner Jugend und ihren Idealen.

Die Wirklichkeit mit ihren Schranken
Umlagert den gebundnen Geist,
Sie stürzt, die Schöpfung der Gedanken,
Der Dichtung schöner Flor zerreißt.

Was den immer enttäuschteren Dichter, dem nach einem kurzen Frühling sogar der Traum der Liebe schwindet, vor der Verzweiflung bewahrt, sind zwei trostreiche Gefährten – die Freundschaft und die Arbeit.

---

20 Ebenda.

Du, die du alle Wunden heilest,
Der Freundschaft leise, zarte Hand,
Des Lebens Bürden liebend theilest,
Du, die ich frühe sucht' und fand,
Und du, die gern sich mit ihr gattet,
Wie sie der Seele Sturm beschwört,
Beschäftigung, die nie ermattet,
Die langsam schafft, doch nie zerstört,
Die zu dem Bau der Ewigkeiten
Zwar Sandkorn nur für Sandkorn reicht,
Doch von der großen Schuld der Zeiten
Minuten, Tage, Jahre streicht.

Ich kenne keine überzeugendere Beschreibung der Trennungslinie zwischen der Jugend und der Reife. Gewiß verdankt Schiller seine Reife auch Kants *Kritik der praktischen Vernunft* mit ihrer kompromißlosen Lehre von der menschlichen Pflicht. Er hatte von Kant auch gelernt, den Glauben an Werte nicht für bloße Illusion zu halten. Ihre Geltung läßt sich zwar nicht wissenschaftlich beweisen, aber sie bleiben dennoch Postulate der praktischen Vernunft.

Wie Schiller in dem schönen Gedicht „Die Sehnsucht" schrieb (1801):

Du mußt glauben, du mußt wagen,
Denn die Götter leihn kein Pfand;
Nur ein Wunder kann dich tragen
In das schöne Wunderland.

Natürlich ist für Schiller das Wunderland das Reich der Poesie, der Kunst, das auch das Reich der Freiheit ist, denn hier ist der Mensch von den Fesseln der Notwendigkeit und der Sklaverei der Leidenschaft befreit. Er hatte begeistert die Kant'sche Lehre vom Schönen als interesseloses Wohlgefallen akzeptiert, ein Wohlgefallen, das jenseits aller selbstsüchtigen Begierden liegt. Die Fähigkeit des Menschen, die Fesseln abzustreifen, die den Körper in Sklaverei hielten, erlaubten ihm das enthusiastisch zu bejahen, was ich Verleugnung der Realität nannte. Sie zeigt sich zuerst im Spieltrieb als das kostbarste Gut, das uns das Leben bieten kann, das Geschenk der Freiheit.

Ich kann hier nicht die Entwicklung nachzeichnen, die direkt von hier zum Kern von Schillers Kunsttheorie führt.[21] Ich denke an die Auffassung, die Kunst gleichsam als die Illusion des Illusionslosen betrachtet, das wissende Gefallen an der Fiktion und die Aufhebung der Wahrheitssuche. Worauf es mir mehr in diesem Zusammenhang ankommt, ist die Tatsache, daß Schillers ästhetische Lehre in seinen psychologischen Konflikten verwurzelt bleibt. Ich sehe diese Verbindung in seinem puritanischen

---

21 Die beste und einfühlsamste Einführung in Schillers Ästhetik scheint mir die zweisprachige und reich kommentierte Ausgabe von Elizabeth M. Wilkinson und L. A. Willoughby, *On the Aesthetic Education of Man*, Oxford, 1967.

Pochen auf Enthaltung, seiner rigorosen Trennung zwischen der ästhetischen Empfindung und jeder Art von sinnlichem Genuß.

Es kann uns nicht überraschen, daß er Edmund Burkes Ableitung unseres Schönheitssinnes vom erotischen Instinkt der Fortpflanzung mit Verachtung zurückwies.[22] Aber seine Beschreibung eines Konzertsaales während hinreißende Musik gespielt wird, ist wiederum aufschlußreich für den Abscheu, der aus ihr spricht.

> . . . und wenn noch so großer Lärm in einem Konzertsaale ist, so wird plötzlich alles Ohr, wenn eine schmelzende Passage vorgetragen wird. Ein bis ins Tierische gehender Ausdruck der Sinnlichkeit erscheint dann gewöhnlich auf allen Gesichtern, die trunkenen Augen schwimmen, der offene Mund ist ganz Begierde, ein wollüstiges Zittern ergreift den ganzen Körper, der Athem ist schnell und schwach, kurz alle Symptome der Berauschung stellen sich ein; zum deutlichen Beweise, daß die Sinne schwelgen, der Geist aber oder das Prinzip der Freiheit im Menschen der Gewalt des sinnlichen Eindrucks zum Raube wird.[23]

Dieser fast manichäische Dualismus durchzieht das meisterhafte philosophische Gedicht, das er ursprünglich „Das Reich der Schatten" nannte, aber später unter dem Titel „Das Ideal und das Leben" (1795) veröffentlichte. Hier wird sowohl die Entsagung wie die Illusion gefeiert:

> Wollt ihr schon auf Erden Göttern gleichen,
> Frei sein in des Todes Reichen,
> Brechet nicht von seines Gartens Frucht!
> An dem Scheine mag der Blick sich weiden,
> Des Genusses wandelbare Freuden
> Rächet schleunig der Begierde Flucht.
> Selbst der Styx, der neunfach sie umwindet,
> Wehrt die Rückkehr Ceres Tochter nicht;
> Nach dem Apfel greift sie, und es bindet
> Ewig sie des Orkus Pflicht.

Die Betonung der Flüchtigkeit jedes irdischen Genusses, der nur zum Verlust des Verlangens führt, zeigt uns wieder, daß es mehr als einen Gedankengang gab, der die Philosophie des Kantianers Schiller mit den Ideen seiner Jugendjahre verbindet. Es waren Kenneth Dewhurst und Nigel Reeves, die mich mit ihrer Ausgabe und Übersetzung der frühen medizinischen Schriften Schillers überzeugten, daß viele seiner Jugendanschauungen die Bekehrung zu Kant überdauerten.[24] Wenn wir seine Entwicklung im psychologischen Licht betrachten, dürfen wir solch eine Kontinuität auch erwarten. Die Psychoanalyse hat uns gelehrt, auf dieses Element der Dauer im Wechsel zu achten, die so oft die Schöpfungen eines großen Geistes auszeichnet.

---

22 In seinem Brief an Goethe vom 12. Sept. 1794 schreibt Schiller diesen Burke'schen Gedanken seinem Besucher Ramdohr zu.

23 *Über das Pathetische,* SW, 5, 516.

24 Siehe Anm. 10.

In seiner schon erwähnten Abhandlung „Über den Zusammenhang der tierischen Natur des Menschen mit seiner geistigen“ hatte Schiller über die Unbeständigkeit der tierischen Impulse geschrieben, die einen Zyklus von Spannung und Entspannung durchmachen. Er verwendet den Ausdruck „Nachlaß“ für Entspannung, eine Phase, die der Instinktbefriedigung folgt, die für die Zwecke der Natur genauso wichtig ist wie der vorhergehende Spannungshöhepunkt.

So ist denn auch die Warnung vor dem Ekel, die Furcht vor allem, was hinter dem Schleier liegt, die die Geschichte aus Schillers Kantianerperiode durchzieht und die ich eingangs zitiert habe, nach wie vor mit seiner theoretischen und emotionellen Einstellung zur menschlichen Natur verbunden. Emil Staiger hob in seinem feinfühligen Buch über Schiller hervor, wie scharf Schiller die bloße Wirklichkeit in seinem Gedicht „Das Ideal und das Leben“ abgeurteilt hat.[25]

Wenn diese Schärfe in Schillers späteren Werken etwas gemildert scheint, so mag der Wandel wohl dem zweiten großen Einfluß zuzuschreiben sein, dem er in den wenigen Jahren vor seinem Tod ausgesetzt war. Ich spreche selbstverständlich von Goethe. Die Geschichte ihrer Freundschaft und ihr Spiegelbild in ihrer Korrespondenz und ihren gemeinschaftlich verfaßten Epigrammen, gehört zu den bewegendsten Zeugnissen der Literaturgeschichte. Goethe hat selbst bezeugt, daß er es war, der Schiller von seiner Furcht vor der unversöhnlichen Natur abgebracht hatte. Zumindest schrieb er das im Jahre 1817, zwölf Jahre nach Schillers Tod, als er auf die Anfänge ihrer Freundschaft im Jahre 1794 zurückblickte, die einer langen Periode beiderseitigen Mißtrauens folgte. Schiller, schrieb Goethe, „predigte das Evangelium der Freiheit, ich wollte die Rechte der Natur nicht verkürzt wissen. Aus freundschaftlicher Neigung gegen mich, vielleicht mehr als aus eigener Überzeugung, behandelt er in den ‚Briefen über die ästhetische Erziehung des Menschen‘ die gute Mutter nicht mit jenen harten Ausdrücken, die mir den Aufsatz ‚Über Anmuth und Würde‘ so verhaßt gemacht hatten“.[26]

Verhaßt ist ein starkes Wort, aber in der langen und schwierigen Abhandlung „Über Anmuth und Würde“ finden sich tatsächlich Absätze, in denen Sinnlichkeit ganz unverblümt mit Bestialität gleichgesetzt und in denselben grellen Farben erscheint, die wir bereits in Schillers Beschreibung über die Effekte der Musik kennengelernt haben.[27] Wenn möglich noch schärfer ist Schillers Ablehnung jeglichen Kompromisses gegenüber

---

25 Siehe Anm. 18.

26 „Einwirkungen der neueren Philosophie“, Goethes sämtliche Werke, Jubiläums-Ausgabe Bd. 39, S. 32. Es gibt eine Parallele in Goethes Bericht „Annalen oder Tag- und Jahreshefte“ für das Jahr 1794, in denen Goethe gesteht, daß er bei einigen „harten Ausdrücken“ in „Über Armut und Würde“ den Verdacht nicht loswurde, daß sie auf ihn zielten, er aber der Meinung wäre, daß die Sache noch schlechter wäre, wenn das nicht der Fall wäre, denn die tiefe Kluft, die seine Denkweise von der Schillers trennte, wäre dann noch offensichtlicher.

den Anforderungen der Natur; so schrieb er in der Abhandlung „Über das Erhabene", wo sogar der Schleier als Konzession an menschliche Schwäche verdammt wird:

Also hinweg mit der falsch verstandenen Schonung und dem schlaffen verzärtelten Geschmack, der über das ernste Angesicht der Notwendigkeit einen Schleier wirft, und um sich bei den Sinnen in Gunst zu setzen, eine Harmonie zwischen dem Wohlsein und Wohlverhalten lügt, wovon sich in der wirklichen Welt keine Spuren zeigen! Stirne gegen Stirn zeige sich uns das böse Verhängnis.[28]

Hier spricht nicht der lyrische Dichter, sondern der Dramatiker, der die kompromißlose Akzeptierung der harten Wirklichkeit braucht. Aber sogar am Ende der „Briefe über die ästhetische Erziehung des Menschen", seinem philosophischen Hauptwerk, betrifft die Konzession, an die sich Goethe erinnert, höchstens die Formulierung, nicht aber den Inhalt der Worte Schillers. „Dafür breitet er über das physische Bedürfnis, das in seiner nackten Gestalt die Würde freier Geister beleidigt, seinen mildernden Schleier aus und verbirgt uns die entehrende Verwandtschaft mit dem Stoff in einem lieblichen Blendwerk von Freiheit."

Erinnern wir uns daran, was Franz Moor in seinen zynischen Überlegungen über den Geschlechtsakt gesagt hat, als er sich über diejenigen lustig machte, die tierische Wirklichkeit mit einem Nebel der Heiligkeit umhüllen. Schiller stellt sich hier nicht auf die Seite seines Schurken, wenn er das je getan hatte; er ist ja froh, daß es den Schleier gibt; er will, daß die Wirklichkeit vor uns verborgen bleibt und zwar nicht, wie Franz Moor behauptet, aus religiösen Ängsten, sondern wegen seiner unausrottbaren Angstgefühle, die noch im Jahre der Fertigstellung der „Ästhetischen Briefe" in seinen Gedichten immer wieder an die Oberfläche kommen.

Aus dem Jahr 1795, dem ersten vollen Jahr seiner Freundschaft mit Goethe, in dem er „Das verschleierte Bild zu Sais" und „Poesie des Lebens" veröffentlichte, stammt aber auch das Gedicht „Die Weltweisen", das wir als Konzession an Goethes Plädoyer für die Natur, die gute Mutter, ansehen können. Es ist ein humoristisches Gedicht, in dem Schiller die Philosophen zurechtweist, weil ihre Spekulationen niemals Kunst oder Wirklichkeit ändern würden:

Doch weil, was ein Professor spricht,
Nicht gleich zu Allen dringet,
So übt Natur die Mutterpflicht
Und sorgt, daß nie die Kette bricht,
Und daß der Reif nie springet.
Einstweilen, bis den Bau der Welt
Philosophie zusammenhält,

27 SW, 5, 46–3.
28 SW, 5, 806.

Erhält sie das Getriebe
Durch Hunger und durch Liebe.

Es kann nicht überraschen, daß Sigmund Freud diese Zeilen besonders gerne zitierte. Zwar stehen die hier zum Ausdruck kommenden Gedanken zu Schillers anderen Äußerungen nicht in direktem Widerspruch; hatte er doch stets die Macht der Natur anerkannt, die er mit der Notwendigkeit, mit dem Gesetz im Gegensatz zur Freiheit gleichsetzte. Aber vielleicht ließ ihn seine Freundschaft mit Goethe wirklich zur Erkenntnis kommen, daß der Druck der Triebe nicht jeden so tief beunruhigte wie ihn. Im Gedicht „Das Reich der Schatten“, das ich zitiert habe, hatte er noch immer das Dilemma menschlicher Existenz kompromißlos dargestellt:

Zwischen Sinnenglück und Seelenfrieden
Bleibt dem Menschen nur die bange Wahl;
Auf der Stirn des hohen Uraniden
Leuchtet ihr vermählter Strahl.

Jupiter, der „hohe Uranide“, hatte offenbar keine Gewissensbisse bei seinen verschiedenen Liebschaften, für die er sich so klug verkleidete. Goethe war zwar nicht Jupiter, aber Schiller lernte doch in ihm einen Menschen kennen, dessen Seelenfrieden durch seine Sinnlichkeit nicht bedroht war. Den Autor der ausgelassen erotischen „Römischen Elegien“ schien der erniedrigende Tribut an die Natur nicht zu beunruhigen.

Dieser Kontakt mit einer Persönlichkeit, die von solchem Zwiespalt frei war, hatte eine heilende Wirkung auf Schiller.[29] Er versuchte seine eigene Auffassungs- und Schaffensweise gegen die Goethes abzugrenzen und kam so zu einer neuartigen Klassifizierung der dichterischen Produktion. Das Resultat war die Abhandlung „Über naive und sentimentalische Dichtung“, in der Goethe als das naive Genie mit den Griechen, ja mit der Natur selbst gleichgesetzt wurde, während Schiller doch auch für sich eine berechtigte Stellung fand als „sentimentalischer“, also reflektierender Autor, einer der, wie wir vermuten dürfen, zwar den Schleier gehoben hatte, aber zurückgeschreckt war. Ich nannte Schillers Gedicht „Kassandra“, das ich wegen seines kompromißlosesten Pessimismus zitiert habe, ein dramatisches Gedicht, in dem das Lüften des Schleiers mit dem Ausruf verbunden ist: „Nur der Irrtum ist das Leben und das Wissen ist der Tod.“ Der Dichter selbst hatte erlebt, was die griechische Seherin kündet und was den anderen Menschen meist erspart ist.

Es trifft sich, daß auch Goethe das Symbol des Schleiers verwendete und zwar in einem bedeutungsvollen Zusammenhang, in einem Widmungsgedicht zur Einleitung seiner mystischen Strophen „Die Geheimnisse“, das er später seiner Gedichtsammlung vorausstellte. In Anlehnung an die traditionelle Formel einer allegorischen Begegnung[30] schildert er einen

---

29 Elizabeth M. Wilkinson sprach von der „heilenden Wirkung“ dieser Freundschaft in ihrer Special Taylorian Lecture über „Schiller, Poet or Philosopher?“, Oxford, 1961.

Frühlingsmorgen, an dem der Dichter einer göttlichen Gestalt gegenüber steht, die aus den Morgennebeln auftaucht. Sie ist die Wahrheit. Zwar will er sie nicht nennen, aber sie verkörpert sein höchstes Streben. Nun streckt sie ihre Hand aus und verwandelt den Nebel in einen Schleier, den sie von der Landschaft zieht und dem Dichter zum Geschenk reicht:

> Empfange hier, was ich dir lang' bestimmt!
> Dem Glücklichen kann es an nichts gebrechen,
> Der dieß Geschenk mit stiller Seele nimmt:
> Aus Morgenduft gewebt und Sonnenklarheit
> Der Dichtung Schleier aus der Hand der Wahrheit.

Die Wahrheit verleiht den Zauberschleier der Dichtung glücklichen und heiteren Seelen, nicht um die Schrecknisse der Existenz zu verhüllen, sondern nur um Erleichterung zu verschaffen, wenn die Schwüle des Mittags unerträglich wird.[31]

Goethe, der implizit auf das Motiv dieser Widmung im Untertitel seiner Autobiographie „Dichtung und Wahrheit" anspielte, verwandelte und verklärte das Schiller'sche Symbol in das wunderbare poetische Denkmal, das er seinem großen Freund im „Epilog zu Schillers Glocke" errichtete. Er feierte Schillers unaufhörliches Streben nach Mut und Glauben:

> Damit das Gute wirke, wachse, fromme,
> Damit der Tag dem Edlen endlich komme.

Der gängige Deutschunterricht hat uns daran gewöhnt, Schiller im Sinne dieser Zeilen als einen optimistischen Idealisten zu sehen, der fest an den Fortschritt der Menschheit glaubte. Wir erschrecken beinahe, wenn wir bemerken, daß diese Deutung durch Schillers eigenes Bekenntnis kategorisch widerlegt wird, das er in den beiden Gedichten „Die Worte des Glaubens", (1797) und „Die Worte des Wahns" (1799) niedergelegt hat. Während das erste seinen Kant'schen Glauben an die Dreiheit von Freiheit, Tugend und Gott formuliert, warnt das zweite vor der gefährlichen Illusion des Zeitalters, dem Vertrauen auf Fortschritt, auf Gerechtigkeit und die Erkenntnis der Wahrheit.

> Drei Worte hört man, bedeutungsschwer,
> Im Munde der Guten und Besten;
> Sie schallen vergeblich, ihr Klang ist leer,
> Sie können nicht helfen und trösten:
> Verscherzt ist dem Menschen des Lebens Frucht,
> Solang er die Schatten zu haschen sucht.

---

30 Ich habe eine derartige Parallele in meinem Artikel „Goethe's ‚Zueignung' und Benivieni's ‚Amore'" behandelt, in: *Journal of the Warburg and Courtauld Institutes,* 1 (1937–38), obwohl ich sie wahrscheinlich überbetont habe.

31 Zu Goethes mannigfacher Verwendung des Schleiersymbols siehe Wilhelm Emrich, *Die Symbolik von Faust II,* Frankfurt am Main, 1964.

Solang er glaubt an die Goldene Zeit,
Wo das Rechte, das Gute wird siegen –
Das Rechte, das Gute führt ewig Streit,
Nie wird der Feind ihm erliegen,
Und erstickst du ihn nicht in den Lüften frei,
Stets wächst ihm die Kraft auf der Erde neu.

Solang er glaubt, daß das buhlende Glück
Sich dem Edlen vereinigen werde,
Dem Schlechten folgt es mit Liebesblick;
Nicht dem Guten gehöret die Erde:
Er ist ein Fremdling, er wandert aus
Und suchet ein unvergänglich Haus.

Solang er glaubt, daß dem ird'schen Verstand
Die Wahrheit je wird erscheinen;
Ihren Schleier hebt keine sterbliche Hand,
Wir können nur raten und meinen:
Du kerkerst den Geist in ein tönend Wort,
Doch der freie wandelt im Sturme fort.

Drum, edle Seele, entreiß dich dem Wahn,
Und den himmlischen Glauben bewahre!
Was kein Ohr vernahm, was die Augen nicht sahn,
Es ist dennoch das Schöne, das Wahre!
Es ist nicht draußen, da sucht es der Tor,
Es ist *in* dir, du bringst es ewig hervor.

Wieder tritt uns die Wahrheit verschleiert gegenüber, aber hier kehrt Schiller zur ursprünglichen Bedeutung der legendären Inschrift unter dem Bild der Isis zurück: „Ich bin alles, was ist, was war, und was sein wird; kein sterblicher Mensch hat meinen Schleier aufgehoben." Es muß für ihn eine tröstende Erkenntnis gewesen sein.

Ich muß befürchten, jene enttäuscht zu haben, die sich mehr von einer psychoanalytischen Deutung der Schiller'schen Symbolik erwartet hatten. Aber vielleicht darf ich abschließend plädieren, daß dieselben Probleme und Konflikte, die Schiller zu objektivieren versuchte, für Freuds Gedanken und Interessen von Belang waren. Die Macht des Instinkts, die Funktion der Illusion, die Werte der Zivilisation in unseren Bestrebungen, mit dem Leben zurechtzukommen, waren konstante Themen in seinen metapsychologischen Überlegungen. Wie ich schon sagte, entstammte Freud selbst der Tradition, die auch Schiller geprägt hatte. Gewiß ging Freud nie der Mut ab, den Schleier zu lüften, aber er hatte auch die Bescheidenheit, in einem Brief an Yvette Guilbert über die Geheimnisse ihrer künstlerischen Leistungen zu gestehen: „Man weiß ja so wenig".[32]

---

32 Freud, 8. III. 1931, 400, siehe Anm. 4.

T. 6: Geburt Mariens, nach einem Kupferstich in Kardinal Albanis Ausgabe des „Menologium Basils II“, Vatikanische Bibliothek, Urbino, 1727, Bd. I, S. 24, (S. 73).

T. 7: Der Dom zu Köln, nach Sulpiz Boisserée: Beschreibung des Doms zu Köln (1842). Rekonstruktion von Sulpiz Boisserée: nach den ursprünglichen Rissen, gestochen von Theodor Huttenhofer, (S. 73 f.).

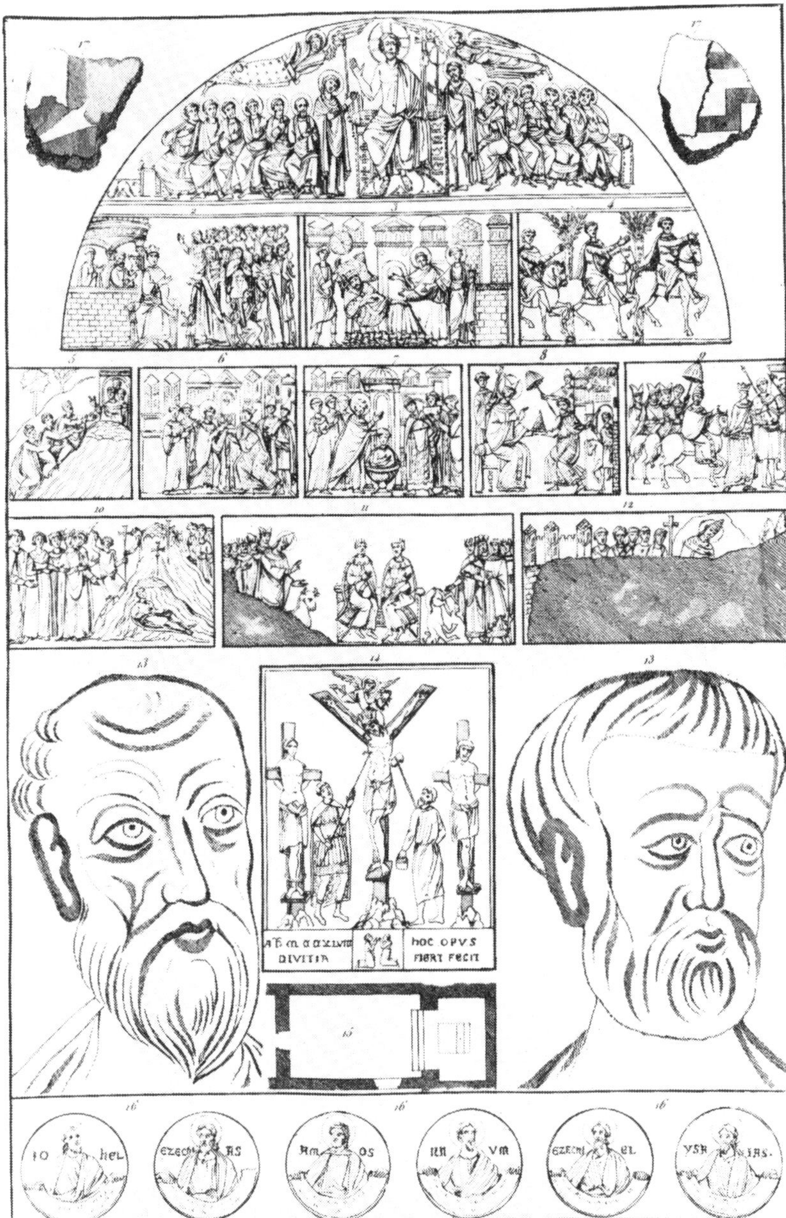

T. 8: Ein Beispiel der byzantinischen Überlieferung aus G.B.L.G. Seroux D'Agincourt: Histoire de l'Art par les Monumens. 1811–1820. Nach der Reproduktion im Band 5, 1823, Tafel CI, (S. 72 und 83).

T. 9: Kölner Meister: Die hl. Veronika, nach „Kunst und Alterthum“, I, Stuttgart 1818, (S. 83).

T. 10: Kölner Meister: Die hl. Veronika, um 1410. München, Alte Pinakothek, (S. 83).

T. 11: Roger van der Weyden: Columba Altar. München,
Alte Pinakothek, (S. 72 und 84).

6. Eine Grillparzer Anekdote*

Die kleine Begebenheit, die hier erzählt werden soll, ist meines Wissens noch unveröffentlicht.[1] Ich verdanke sie Frau Hedwig Heller, der Witwe des Buchhändlers Hugo Heller, Enkelin des großen österreichischen Geologen Eduard Süss (1831–1914). Ihr Großvater erzählte sie offensichtlich gerne zur Charakteristik Grillparzers in seiner Eigenschaft als Direktor des Hofkammerarchivs in Wien.[2] Kurz vor Grillparzers Abschied aus seinem dreiundvierzigjährigen Staatsdienst im Jahre 1856 hatte Süss eine ähnliche Laufbahn als Kustos-Adjunkt im Hofmineralienkabinett angetreten, ein Dienst, von dem er ziemlich rasch durch den Ruf auf den Lehrstuhl der Universität Wien befreit werden sollte.

Eines Tages besuchte der junge Süss Grillparzer in seinem Büro. Der alte Mann hatte gerade an ihrem kleinen Plausch Gefallen gefunden, als sie durch Klopfen an der Tür unterbrochen wurden. Ein schüchterner Amtsdiener erschien in der Tür und fragte höflich mit leiser Stimme, ob der Herr Registratursdirektor einen bestimmten Akt bei sich hätte. „Nein", war die kurze Antwort, und das Gespräch wurde fortgesetzt. Nach einer halben Stunde erschien der Diener wieder; sein Chef wäre außerordentlich dankbar, wenn der Herr Direktor doch so gut wäre und noch einmal nachsehen würde. Sie hätten den Akt überall gesucht und die Angelegenheit wäre dringlich. „Ich hab' Ihnen ja schon gesagt", schnaubte Grillparzer, „daß ich ihn nicht hab'."

Das Gespräch plätscherte angenehm weiter, als es ein drittes Mal durch ein schwaches Klopfen unterbrochen wurde. Der Diener, ganz verlegen, erschien noch einmal und übermittelte den Ausdruck des tiefsten Bedauerns von seiten seines Chefs, aber alle Anzeichen deuteten darauf hin, daß,

---

* „A Grillparzer Anecdote", veröffentlicht in: *German Life & Letters,* A Quarterly Review, Sondernummer für Edna Purdie, Basil Blackwell, Oxford, New Series, Vol. XVI, April & July 1963, Nr. 3–4, 209–211.

1 Sie findet sich nicht in dem sechsbändigen Werk *Grillparzers Gespräche und die Charakteristiken seiner Persönlichkeit durch die Zeitgenossen,* Schriften des Literarischen Vereins in Wien, 1904, 3, 1905, 6, 1906, 12, 1910, 15, 1911 und Neue Nachträge, Wien, 1941.

2 Zur Berufslaufbahn Grillparzers siehe Carl Glossy, „Grillparzers Beamtenlaufbahn", in: *Jahrbuch der Grillparzer-Gesellschaft,* II, 1892 und Hanns Leo Mikoletzky, „Franz Grillparzer und das Hofkammerarchiv", in: *Jahrbuch der Grillparzer-Gesellschaft,* III. Folge, I. Band, 1953. Siehe auch *Grillparzers Werke,* hsg. von August Sauer, III. Abteilung, 6. Band (Aktenstücke).

soweit festgestellt werden könnte, der verschwundene Akt zum Direktor gelangt wäre; würde er die ganz besonders große Freundlichkeit haben und noch einmal unter seinen Papieren nachschauen? Nun aber wurde Grillparzer wirklich böse. „Hinaus mit Ihnen!" schrie er. Aber kaum war der arme Mann verschwunden, leuchtete Grillparzers Gesicht auf; er öffnete eine Lade und deutete mit seinem Finger auf den Akt: „Da ist er", sagte er, „aber sekkieren lass' ich mich nicht!"

Als bloße Tatsache scheint es diese kleine Begebenheit vielleicht nicht wert, nach mehr als 100 Jahren an die Öffentlichkeit gebracht zu werden. Der Ton macht die Musik, und der Ton ist derjenige des alten Österreich, dieses „Kakanien", das Robert Musil so wissend und so liebevoll beschrieben hat: „Do is er, aber sekkieren lass i mi net!" Schon das Wort „sekkieren", aus dem Italienischen „seccatura", ist ein typisch österreichisches und kommt im Hochdeutschen gar nicht vor. Seine Bedeutung reicht von necken, reizen oder quälen (wie das Schulkinder tun) über nörgeln, plagen und jemanden nicht in Ruhe lassen (wie das Erwachsene tun) bis zur Mißhandlung eines hilflosen Untergebenen. Die Definition in Grimms Wörterbuch (1905) paßt hier genau: „In Wien ... jemand durch ungerechte Vorwürfe oder durch bloße Laune Verdruß bereiten." Die beste Umschreibung ist wahrscheinlich: „Sie tun dies, um mich zu ärgern, aber ich lass' mir nichts gefallen." Das Wichtigste, worum es jedem Beamten gehen muß, ist, solche Versuche im Keim zu ersticken. Sein Motto muß sein „Nur nichts einreißen lassen!" Wenn du heute zugibst, weil der Akt wirklich in deiner Lade ist, dann geht es dir um so schlechter, wenn du ihn ein anderes Mal wirklich nicht hast.

Aber Kenner von Grillparzers Tagebüchern werden vielleicht mehr in dieser absurden Episode sehen als ein bloßes soziologisches Symptom.[3] Wie hatte sich nur Grillparzer verachtet, als er 25 Jahre vorher diesen Posten angenommen hatte! „Habe die Archivsdirektorsstelle erhalten und so des Menschen Sohn um dreißig Silberlinge verkauft ... Ein bestimmtes Gefühl, daß es mit mir aus ist, hat mich diesen Platz suchen und annehmen lassen." (25. Jänner 1832) Und einige Wochen später: „Das Amt will sich nicht geben. Nicht als ob mir die Arbeit uninteressant wäre! Dieses Herumstören in alten Akten, dieser geschäftige Müßiggang des Beamtenlebens hat mir im Gegenteil in meiner gegenwärtigen Stimmung etwas Erquickliches. Aber nur die Nebendinge sprechen mich an, das Geschäft selbst, fürcht' ich, bleibt unbesorgt. Dazu die Untergebenen, über die ich die Aufsicht führen, die ich zur Arbeit anhalten, denen ich Arbeit zuteilen soll. Ich, der ich mein Leben lang mich nur mit mir selbst beschäftigt habe, und selbst damit nicht zu Stande kam. Dazu noch: welche Art von Menschen! Ich habe sie mir feindseliger, ich habe sie mir unwissender, unbrauchbarer gedacht. Aber es ginge besser, wenn sie schlimmer wären. Ich

3 Edna Purdie, „Two Nineteenth-century Diaries and their Writers (Hebbel and Grillparzer)", *Publications of the English Goethe Society,* N. S. XV, 1946.

sehe ihr Lauern, aber da sich kein Widerstand zeigt, kann ich nicht Front gegen sie machen. Nebstdem: alles was ich bisher gearbeitet habe, fühle ich wohl selbst, daß es nicht taugt. Ich kann nichts verrichten, ohne mich bis auf einen gewissen Grad dafür zu begeistern. Da mischt sich denn so viel Phantasie zu den wirklichen Données, daß das Ganze leicht ein Spiegelgefecht gegen einen idealen Gegenstand wird . . ." (11. März 1832).

Zu Ende seines ersten Jahres hatte er zumindest die Genugtuung eines kleineren Krachs: „Im Archiv, der Adjunkt Weibel, der Lust zeigte zu trotzen, ist zu Kreuze gekrochen, es hat mir eine angenehme Empfindung gemacht." (12. Sept. 1832)[4]

Wenige Staatsbeamte werden ihre eigenen agressiven Gefühle mit solch schonungsloser Offenheit seziert haben wie dieser große Meister der Selbstbeobachtung, für den jeder Tag, den er lebte und arbeitete, einen Triumph über einen Alptraum bedeutete.[5] Und doch fand er sich nicht nur mit seiner Existenz ab, sondern erwarb sich sogar den Respekt und die echte Hochachtung seiner Vorgesetzten.

> Von Pflicht- und Ehrgefühl durchdrungen, hat Grillparzer, die Wichtigkeit des seiner Leitung anvertrauten Amtes erkennend, seine Kräfte aufgebothen, in allen Theilen des Archivs, die erforderliche Ordnung herzustellen, umfassende jedoch bündige Haupt- und Spezial-Register und Indices unter seiner Anleitung anfertigen zu lassen, . . . nach und nach mehr Klarheit und Zusammenhang in die im Archive niedergelegten, bis ins Mittelalter zurückreichenden Urkunden und Akten zu bringen. Ein so lobenswerthes Streben, dessen Erfolg sich bei der Vorlegung umfassender, verworrener Verhandlungen bewährte, welche die Geltendmachung von Aerarial-Forderungen oder die Zurückweisung von Ansprüchen an die Staatsverwaltung zum Gegenstande hatten, verdient meines gehorsamsten Erachtens um so mehr Eurer Majestät allergnädigste Anerkennung, als Grillparzer, um den in der bewegten neueren Zeit an ihn gestellten Anforderungen zu entsprechen, seiner Neigung zu litterarischen Arbeiten größtentheils entsagen . . . mußte.[6]

Und so fand ihn Süss am Ende seiner Laufbahn, mit Akten beschäftigt wie (und ich zitiere ein willkürlich gewähltes Beispiel) „Bericht der Finanz Minist Archivs Direkzion über die Frage: ob die Kärnthnerische Hammer-, Nagelschmied- und Drahtordnung auch auf Krain ausgedehnt worden sey?" (20. Dez 1855)[7] Können wir es dem Autor von „Weh dem, der lügt" übelnehmen, wenn er ab und zu die Prosa seiner Routine mit ein wenig Erfindung würzte? Wenn irgend jemand, so wußte er, daß er gar nicht kämpfen mußte und daß er keineswegs von denen gequält wurde, die einen Akt bei ihm suchten. Er hatte sich eingestanden, daß das, was er insgeheim ersehnte, nicht ihre Höflichkeit, sondern ihre Feindschaft war. Aber

---

4 Alle drei Zitate aus Carl Glossy.

5 Vgl. Hans Hoff und Ida Cermak, *Grillparzer, Versuch einer Pathographie*, Wien, 1961.

6 Aus der Befürwortung für eine Gehaltserhöhung des Dichters im Vortrag des Hofkammerpräsidenten Freiherr von Kübeck an Kaiser Ferdinand, 26. Jänner 1844, vgl. Carl Glossy, 103–104.

7 „Werke", ebenda, 365.

schließlich hatte er tatsächlich seinerzeit so viel unter den Schikanen der Zensur ängstlicher Bürokraten leiden müssen, daß er sich seine Selbstachtung mit allen Mitteln bewahren mußte, ob er nun im Einzelfall recht hatte oder nicht: „Sekkieren lass' i mi net."

D. Johann Andreas Segners

Einleitung

in die

Natur-Lehre.

Mit Kupfern.

Zweyte Auflage.

Göttingen,

Verlegts Abram Vandenhoecks seel. Wittwe 1754.

T. 12: Vignette zu Johann Andreas Segner: Einleitung in die Natur-Lehre, Göttingen, 1754, (S. 93).

7. Beim Schreiben: Das Spiel mit den Dominosteinen*

Überlegungen eines Kunsthistorikers

Ich habe kein Werkstattgeheimnis, kein Rezept, das das Schreiben erleichtern kann. Leider, denn es fällt mir meist recht schwer. Worum es geht, ist natürlich, sich dem Leser (oder der Leserin) verständlich zu machen, sie sollen möglichst mühelos folgen können, und das macht Mühe. Bei den kunstgeschichtlichen und kunsttheoretischen Themen, über die ich in der Regel schreibe, stehe ich vor zwei wesentlichen Aufgaben: Als Historiker will ich einen Hergang beschreiben, als Theoretiker einen Gedankengang darstellen. Der geschichtliche Hergang ist am leichtesten faßlich in der chronologischen Erzählung, die am Anfang beginnt und am Ende aufhört. Aber wo ist eigentlich der Anfang und wo das Ende? Zuerst muß der Leser darüber im Bild sein, was man ihm erzählen will, sonst verliert er gar bald den Faden. Man muß die rechten Einschnitte zu machen wagen und getrost alles weglassen, was im Moment nicht zur Sache gehört, wobei man auch nicht verheimlichen darf, wie und wo man vereinfacht, ohne den Tatsachen Gewalt anzutun. Erst so kann der Leser „mitgehen" und wenn möglich sogar miterleben.

Und doch ist die Erzählung, bei allem Problematischen, das ihr anhaftet, noch der leichteste Fall. Denn dort, wo es darum geht, ein Argument vorzubringen, eine Theorie zu begründen oder eine andere zu widerlegen, fehlt ja jeder natürliche Ausgangspunkt, der uns dazu verhilft, die Darstellung klar aufzubauen. Für den Historiker liegt dann die Versuchung nahe, sich auch hier an die zeitliche Abfolge zu halten und zu versuchen, den eigenen Gedankengang mit dem Gang der Geschichte in Einklang zu bringen, als wäre eben der Ablauf der Ereignisse ein logischer Prozeß, der sich leicht verständlich machen läßt. Vielleicht verdankt die Geschichtsphilosophie Hegels und seiner Nachfolger ihre Popularität gerade dieser verführerischen Leichtigkeit.

Gewiß, es läßt sich nicht leugnen, daß etwa der Kunsttheoretiker es dem Leser womöglich ersparen soll, von vorne nach rückwärts und kreuz und quer durch die Kunstgeschichte gehetzt zu werden, um etwa eine allgemeine Betrachtung zu verstehen. Die Auswahl der Beispiele oder gar der Abbildungen soll, wo möglich, nicht verwirrend wirken, und wir müssen

* *Neue Zürcher Zeitung*, 24. Juni 1983, 36.

eben trachten, dieser Verantwortung gerecht zu werden, ohne die Schlüssigkeit der Darlegung zu gefährden. Das ist mir oft schwergefallen und durchaus nicht immer gelungen.

Gewöhnlich ist das Schreiben ja weitgehend ein Niederschreiben. Längst bevor man sich an die Schreibmaschine setzt, hat man sich seine Meinung gebildet und sich auch mit ihrer Formulierung beschäftigt. Das Thema beginnt einen zu verfolgen, und man ertappt sich oft dabei, daß man sich Formulierungen vorsagt und sie bereits einzureihen versucht. Für dieses wesentliche Arbeitsstadium ziehe ich die Badewanne dem Schreibtischsessel vor. Ich experimentiere mit verschiedenen Möglichkeiten. Soll ich sozusagen mit der Türe ins Haus fallen, oder den Leser erst schonend auf das Resultat vorbereiten? Aber wie komme ich nun von diesem Punkt zu jenem, wie ergibt sich ein guter und zwangloser Übergang, der weder logisch noch chronologisch abrupt wirkt?

Oft vergleiche ich für mich das Schreiben mit dem Dominolegen. Die einzelnen Dominosteine liegen bereit, und die Aufgabe ist nun, sie in eine Reihe zu bringen, wobei alle vorhandenen untergebracht werden müssen. Manchmal glaube ich schon beim Planen die Lösung zu sehen, und um sie nicht zu vergessen, schreibe ich mir die beabsichtigte Route in Schlagworten auf einen Zettel, den ich neben die Maschine lege. Zunächst geht alles gut, aber plötzlich stellt es sich heraus, daß ich eine Schwierigkeit übersehen habe. Stilistisch würde der geplante Übergang ganz gut passen, aber das Argument, worum es geht, wäre doch viel einleuchtender, wenn das entsprechende Beispiel schon viel früher erwähnt worden wäre. Also – von vorne anfangen, jetzt wird der Gedankengang wirklich klarer – aber leider bleibt dabei einer der Dominosteine draußen und läßt sich nicht mehr einbauen. Also noch einmal, denn so wird es gehen – warum ist mir das nicht gleich eingefallen? Und wirklich, die Darstellung scheint sich zu schließen, und die Arbeit scheint endlich fertig – bis zum Abend oder zum nächsten Morgen. Denn nach dem Niederschreiben ist man sie ja noch lange nicht los. Man überdenkt und wiederholt und, o Schreck, ein zwingendes Argument oder ein schlagendes Beispiel ist irgendwo am Weg liegengeblieben. Läßt es sich noch einfügen, ohne das ganze Gebäude abzutragen und neu zu beginnen? Das ist Glückssache. Aber auch wenn sich das Ärgste herausstellt, hat man ja kein Recht, die weitere Arbeit zu scheuen. Denn die Kunst des Schreibens, wie schließlich jede Kunst, hat schließlich nur eine Regel, die, daß man weitermachen muß, solange man glaubt, daß sich noch etwas verbessern läßt.

Es mag größenwahnsinnig scheinen, das Verfassen sachlicher oder gar fachlicher Prosa mit irgendeiner Kunst auf eine Stufe zu stellen. Und doch hat auch die bescheidenste sprachliche Darstellung ein wenig mit dem Sprachkunstwerk gemein. Beide sind letztlich von der Sprache her gesteuert. So wie auch in der erhabensten Dichtung Reim und Rhythmus dem Sprachschatz verpflichtet sind, so beruht auch jede gedankliche Formulierung auf den Worten und Wendungen, die die Sprache uns bietet. Das

Leben hat mir zufällig die Aufgabe gestellt, mich in zwei Sprachen schriftlich verständlich zu machen, auf deutsch und auf englisch. Da zeigt es sich immer wieder, daß die Dominosteine, die einem jeweils zur Verfügung stehen, bei aller Verwandtschaft doch zu verschieden sind, um sich parallel anordnen zu lassen. Im Englischen führt etwa ein gebräuchlicher Ausdruck zu einem anderen, wo das Deutsche keine ähnliche Brücke bietet. Jeder gewissenhafte Übersetzer weiß ja ein Lied davon zu singen, wie oft durch das Fehlen solcher Übergänge auch eine sinngetreue Übertragung unvermeidlich etwas holperig wirkt. Die Sprache läßt sich eben nicht völlig vom Gedanken trennen, selbst die schlichteste Bildbeschreibung läßt sich auch davon beeinflussen, was sich eben kurz und bündig sagen läßt.

Und nun gar diese Ausführungen! Hätte ich etwa auf englisch geschrieben, so hätte ich gewiß gesagt, daß das Schreiben über das Schreiben „self-conscious" macht. Das heißt natürlich nicht „selbstbewußt", sondern am ehesten „befangen". – Sollte ich sagen, es sei verfänglich? Nun – das heißt zwar etwas anderes, aber da es zufällig auch wahr ist, mag es nun stehenbleiben!

8. Spracherlebnisse

Festrede aus Anlaß der Entgegennahme des ersten österreichischen Wittgenstein-Preises, Wien 1988*

Was in den alten Handbüchern der Redekunst als Eingangsformel empfohlen wird, ist ja die *Captatio benevolentiae,* also die Werbung um das Wohlwollen der Zuhörer; und als der sicherste Weg zu diesem Ziel gilt die Beteuerung der eigenen Unwürdigkeit. So aufrichtig ich diese auch empfinden mag, ist mir dieser Weg dennoch versagt, würde er doch einer Kritik an den Preisrichtern gleichkommen, einem Zweifel an dem Urteil jener Autoritäten, die mir diese hohe Auszeichnung zugesprochen haben.

Jedenfalls freut es mich für mein Fach, daß dieser Preis trotz seines Namens diesmal nicht an einen Philosophen gegangen ist, sondern an einen Kunsthistoriker. Nun sind wir Kunsthistoriker gewohnt, uns Vorträge leicht zu machen. Wie weiland die Bänkelsänger zeigen wir gerne mit einem Staberl auf ein Bild, und wenn uns der Faden ausgeht, brauchen wir nur zu sagen: „Das nächste, bitte!", um mit dem Erscheinen eines prächtigen Bildes von Tizian oder Cézanne gleichzeitig auch ein Stichwort zu haben, das uns weiterhilft. Bei der Wahl des Themas für diesen Vortrag habe ich angenommen, daß ich nicht mit dieser Möglichkeit rechnen kann und daß das einzige Objekt, das ich Ihnen vor Augen stellen kann, das ist, was auf altösterreichisch „Meine Wenigkeit" hieß. In dieser Verlegenheit kam mir ein altes Sprichwort in den Sinn, das ich in meiner Jugend noch oft gehört habe: „Wenn einer eine Reise tut, so kann er was erzählen." War doch in meiner Jugendzeit das Reisen noch längst nicht so selbstverständlich. Ich erinnere mich noch gut, wie man von jemandem sagte: „Du, der war in England oder gar in Amerika!", und wer das war, hatte gewiß etwas zu berichten, was nicht jeder von uns wußte, denn es gab ja keinen Flugverkehr, kein Radio und kein Fernsehen.

Nun fügt es sich, daß ich in dieser einen Beziehung etwas mit Ludwig Wittgenstein gemeinsam habe. Unser Leben hat uns mindestens eine Reise auferlegt, die Reise aus unserem Heimatland nach einer neuen Heimat in England, und diese Reise brachte es auch mit sich, daß wir uns in einer neuen Sprache zurechtfinden mußten. Gewiß reicht bei Wittgenstein das Interesse an der Sprache noch weiter in seinem Leben zurück, und obwohl

---

* *Die Presse,* 14./15. Mai 1988.

ich dieses Thema nicht von derselben hohen Warte aus zu betrachten vermag wie er, so gilt dasselbe doch auch für mich.

Vielleicht ist das gar nicht so verwunderlich. Stammen wir doch beide aus dem alten Österreich, und unsere Kreise berührten sich sogar ein wenig. Obwohl ich Ludwig Wittgenstein nie begegnet bin, erinnere ich mich noch recht gut an seinen Bruder Paul, den einarmigen Pianisten, den ich vielleicht bei Frau von Brücke traf.

Wenn irgendein Land dazu angetan war, einen von Jugend an auf das Problem der Sprache zu stoßen, so war das ja die alte österreichische Monarchie. Ich erinnere mich noch gut, daß in meiner Kindheit vor dem Jahre 1918 auf jeder Banknote der jeweilige Betrag in einer ganzen Reihe von Sprachen zu lesen stand, und es hieß, daß der Kaiser, jedenfalls Franz Josef, imstande war, wenigstens ein paar Worte in jeder dieser Sprachen zu seinen Untertanen zu sprechen; wahrscheinlich „Es war sehr schön und hat mich sehr gefreut".

Wie sehr das Sprachproblem das politische Leben der Monarchie beherrschte, erfuhr ich freilich erst später. Es ist ja bekannt, wie oft die Frage, in welcher Sprache etwa die Straßentafeln eines Grenzdorfs verfaßt werden sollten, zu Krawallen und sogar zu Regierungskrisen Anlaß gaben. Was hier zum Ausdruck kam, war natürlich der neue Geist des Nationalismus, der schließlich den Sprengstoff hergab, der die alte feudale Donaumonarchie zerstörte. Die Sprache ist ja nicht nur das Band, das die Mitglieder einer Gemeinschaft verbindet, sie verführt auch leicht dazu, in Anderssprechenden minderwertige Wesen zu sehen. Das griechische Wort „barbaros" bezeichnet wohl ursprünglich jemanden, der nur Laute hervorbringen kann, wie etwa „Rhabarber" auf der Bühne, und das tschechische Wort für den Deutschen Němec, heißt einfach der Stumme. Erst das Nachdenken führt zu der Erkenntnis, daß Sprache auf Konventionen beruht. Dem Naiven erscheint es unmittelbar einleuchtend, daß die Dinge der Welt eben so heißen, wie man sie bei ihm zu Hause nennt. So steht es in der Bibel an der Stelle, wo Adam die Tiere benennt, und so dachte auch unser liebes Kinderfräulein, die einmal ihrer Verwunderung darüber Ausdruck gab, woher man wisse, wie die Sterne hießen.

Ja, zu meinen Spracherlebnissen gehören auch die Aussagen und Erzählungen eines Kinderfräuleins, denn so etwas gab es noch in meiner Jugend. Unsere treue Lisi, die gut Französisch konnte, hat mir erzählt, wie schlecht sie bei ihrer Nichte Binerl ankam, als sie versuchte, ihr die ersten Worte in dieser Sprache beizubringen: „Weißt du, Binerl", hatte sie gesagt, „wo wir zwanzig sagen, da sagen die Franzosen vingt." – „De Deppen." Freilich war das vielleicht in der Kriegszeit, wo es an sich selbstverständlich war, daß Franzosen höchstens Deppen sein konnten.

Rückblickend scheint es mir freilich, daß der naive Dünkel, der aus dieser kindlichen Äußerung spricht, weiter reicht, als es gut für uns war. Wien war ja das Ziel vieler Einwanderer aus den sogenannten Kronländern, vor allem Tschechen aus Böhmen und Juden aus Polen. Ist es nicht eigenartig, daß der österreichische Sprachgebrauch zwei eigene Ausdrücke hat, um die Akzente dieser Neuankömmlinge zu kennzeichnen und zu verspotten? Man spricht vom Böhmakeln und natürlich vom Jüdeln, und beide Sprachgewohnheiten waren selbstverständlich verpönt. Bernard Shaw in seinem Stück „Pygmalion" hat gezeigt, wie sehr auch in England die Akzente der Sprache die soziale Schicht widerspiegeln, so daß auch eine Straßenverkäuferin bei einer Herzogin Einlaß finden wird, wenn sie ihren Dialekt ablegt und die gesellschaftlich anerkannte Sprache lernt. Ich glaube, es würde sich lohnen, ähnliche Betrachtungen im alten Österreich anzustellen. Wer die Schriften von Karl Kraus kennt, weiß, wie sehr auch bei ihm die gepflegte Sprache als Ausweis einer gelungenen Emanzipation gilt. Der erbarmungslose Spott, mit dem er sich auf die Journalisten stürzte, aus deren Schreibweise er noch den Jargon des Ghetto herauszuhören meinte, hat sicher dazu beigetragen, die Unterscheidung zwischen uns und ihnen noch zu verschärfen; und so sehr seine Bemühungen, die deutsche Sprache vor der Verlotterung zu bewahren, Hochachtung verdienen, sowenig sollten wir vergessen, daß er auch zu dem Sprachdünkel beigetragen hat, zu dem niemand ein moralisches Recht hat. Wir alle mußten ja schließlich unsere Sprache erst lernen.

Freilich, dieses entscheidende Erlebnis entschwindet uns aus dem Gedächtnis, aber ich erinnere mich noch an ein Erlebnis aus der Zeit, als ich an Firmenschildern lesen lernte. Wir fuhren in der Tram an einem Schild vorbei, auf dem ich las: „Café Museum". Ich gab meinem Erstaunen Ausdruck. Konnte denn ein Kaffeemuseum interessant sein? Wobei ich mich noch erinnere, daß ich mir selbst die Antwort zu geben versuchte. Vitrinen voller Kaffeegeschirr, Schalen und Löffel aller Art hätten vielleicht doch etwas für sich. Ich wurde natürlich mit Recht ausgelacht, wobei mir das Interesse an Museen trotzdem nicht verleidet wurde.

So komme ich endlich zum Erlebnis einer Reise, der Reise mit meiner Schwester nach Schweden im Jahre 1920. Wir waren ja Kriegskinder und gründlich unterernährt, und so beschlossen meine Eltern schweren Herzens, uns mit einer dieser Kinderaktionen, die die hilfsbereiten Schweden organisierten, in den unbekannten Norden zu schicken. Wir konnten kein Wort Schwedisch, und unsere freundlichen Pflegeeltern, Bauern in Vest-Götland, konnten kein Wort Deutsch. Hier und da kam ein Student aus der Nachbarschaft, um zu dolmetschen, sonst waren wir auf die Zeichensprache angewiesen. Zeichensprache und Zeichnen. In der Wohnküche gab es einen großen Tisch, mit einem Wachstuch bedeckt, auf dem sich leicht schreiben und zeichnen ließ. So begannen unsere Wirte, uns die Sprache beizubringen. Man zeichnete ein Pferd und schrieb dazu „häst", eine Lampe, die hieß „lampa" und so fort durch das ganze Inventar des täglichen Lebens.

Was mir aus diesem Erlebnis besonders im Gedächtnis geblieben ist, ist aber gerade die Unzulänglichkeit des gutgemeinten Anschauungsunterrichts. Denn die Sprache benennt ja nicht nur Gegenstände, sie macht auch

Aussagen, und dazu bedarf es nicht nur Hauptwörter und Zeitwörter, sondern auch jener kleinen geheimnisvollen Wörtchen, die wirklich den Schlüssel für Sprache bilden. Ich erinnere mich noch gut, wie meine Schwester mir eine wichtige Entdeckung mitteilte: „Ich glaube", sagte sie, „*wenn* heißt auf Schwedisch *om*." Die Entdeckung bewahrheitete sich, und auf einmal eröffneten sich uns Möglichkeiten, Sätze zu bilden, die wir eben vorher nicht gehabt hatten. Die ganze Dimension des Konditionellen des *wenn das, so das* stand uns plötzlich offen, und das gleiche galt für andere derartige Entdeckungen. „Wenn" und „aber" kann man eben nicht auf das Wachstuch zeichnen, aber ohne diese bescheidenen Hilfsmittel der Sprache sind eigentlich auch die Hauptwörter und Verben von wenig Nutzen. Kinder lernen ja schnell, ohne viel nachzudenken, und so konnte ich bald ziemlich fließend Schwedisch sprechen und lesen. Leider folgte auf dieses positive Spracherlebnis ein eher negatives. Ich denke an den Sprachunterricht in der Schule, vor allem an den Unterricht in den klassischen Sprachen. Ich habe anderwärts einmal den Ausspruch meines verstorbenen Freundes Otto Kurz zitiert, der sagte, es würde ihn locken, eine Annonce in die Zeitung zu geben, er sei Sprachlehrer und suche Schüler, denen er fünfmal in der Woche Unterricht in einer Sprache geben möchte, mit dem Lehrziel, daß sie am Ende von acht Jahren leichte Texte mit Hilfe eines Wörterbuchs übersetzen könnten. Er machte sich natürlich dabei über seinen und unseren Lateinunterricht lustig, und wie mir scheint, ganz mit Recht. Jedenfalls habe ich es im Lateinischen und Griechischen zu meiner Beschämung nicht viel weiter gebracht, als er es beschrieben hat. Dabei hatten wir gewiß gute Lehrer, und ich war nicht einmal ein schlechter Schüler. Ich habe inzwischen an meinem Sohn die Erfahrung gemacht, wieviel besser die alten Sprachen in den altmodischen Public schools in England unterrichtet wurden – ich sage wurden, denn diese bewundernswerte Tradition droht auch dort abzubrechen. Auch etwas Französisch haben wir als Wahlgegenstand in der Schule gelernt, mit dem Erfolg, daß ich noch immer die Regel weiß „Le participe passé conjugué avec le verbe auxiliaire avoir s'accorde en genre et en nombre avec le complément direct qui le précède!" Ich muß an die berühmte Geschichte von dem Stotterer denken, der nach seiner Sprachtherapie stolz beweist, er könne den Zungenbrecher von Fischers Fritz fließend sagen, nur leider paßt der Satz nicht immer. Mit Italienisch ging es mir etwas besser, denn welcher Kunsthistoriker will nicht Vasari lesen. Auch Englisch lernten wir zu Hause und lasen ein wenig Oscar Wilde und sogar Shakespeare, der aber auch nicht immer „paßt".

Ich fürchte, ich fand damals wenig Geschmack am Lernen fremder Sprachen. Ich denke oft daran, daß mir mein gütiger Vater manchmal nahelegte, ich solle doch mehr Französisch und Englisch lesen, aber im stillen glaubte ich trotzig, es sei für mich wichtiger, anständig Deutsch zu lernen. Es kann wohl sein, daß die Einstellung von Karl Kraus zur deutschen Sprache mich indirekt in dieser Haltung bestärkt hat, obwohl ich nie ein eingefleischter Krausianer war. Eher kam etwas anderes dazu: Wie so viele Gymnasiasten war auch ich zum Verseschmied geworden. Als eifriger Leser der deutschen Klassiker und Romantiker versuchte ich mich gerne in den verschiedensten Stilen und Formen. Geburtstage und andere Feiern, ja sogar Schularbeiten boten Gelegenheit, diese Fertigkeit zu praktizieren, die ich im großen und ganzen hoffentlich nicht überschätzte.

Wenn Sie meine kleine Schrift über „Kunst und Fortschritt", die bei Dumont erschienen ist, in die Hand nehmen, so finden Sie dort im Anhang eine Liste meiner Veröffentlichungen. Als Opus 1 steht dort für das Jahr 1930 zu lesen „Ein chinesisches Gedicht – und was ihm bei seiner Übertragung ins Deutsche alles passieren konnte." Es handelte sich um die oft geübte Form parodistischer Variationen über ein Thema. Das Thema ist der berühmte Vierzeiler Li Tai-Pes: „Vor meinem Bett ein Glanz, ist's Reif am Boden? Haupthebend erblick' ich den Mond, hauptsenkend gedenk' ich der Heimat."

Ich muß Sie beruhigen, daß es keineswegs meine Absicht ist, nun meinen Vortrag in eine Lesung meiner gesammelten Werke zu verwandeln, aber die Beschäftigung mit derartigen Stilvariationen gehört so intensiv zu meinen Spracherlebnissen, daß ich leicht errötend zwei kontrastierende Beispiele vorlesen muß: Eines, das ich vielleicht ungerechterweise Dehmel zuschrieb, lautet:

Das war in jener Nacht, die einmal war:
Mich schmeichelt hold ein Etwas aus dem Traum
Aufblickend fühlt' ich bebend wunderbar
Mondweben füllen den verklärten Raum

Schneeweißen Glanz strahlt hell die Erde wider
in ätherkühle Weiten wie verschwommen
Mondtrunken still senk' ich die Augen nieder
Von ahnungsfernem Heimweh überkommen

Dem Ringelnatz dagegen schieb ich folgendes in die Schuhe:

Ist das bitte da vor meinem Bett
Mondbeleuchtung oder Schneebelag?
Kuck mal n'auf s'ist tatsächlich Mond
Wieso fällt mir da ausgerechnet mein Zuhause ein?

Ich darf Sie daran erinnern, daß ich mich in meinem Studium mit dem Phänomen des Stils auseinanderzusetzen hatte, und so ist es vielleicht begreiflich, oder doch verzeihlich, daß ich mich als Kunsthistoriker auf Ferien so gerne solchen Stilübungen hingab. Zwar wußte ich das damals nicht, es stellte sich aber heraus, daß sogar der Gründer der Wiener Schule der Kunstgeschichte, der bedeutende Franz Wickhoff, bei ähnlichen Versuchen ertappt werden kann.

Wickhoff hat es nämlich gewagt, eines der größten Sprachkunstwerke der deutschen Literatur, Goethes Fragment „Pandora" im Stile des Meisters zu ergänzen und zwar gar nicht so übel. So hoch habe ich mich freilich nie hinaufgewagt, aber ich schrieb für die Feste des 2. Kunsthistorischen Instituts der Wiener Universität eine Reihe von Theaterstücken in verschiedenen Stilen, wobei ich mich etwa soweit wie möglich in die Sprache und Versmaße des Barockdichters Hoffmannswaldau einlas und ein allegorisches Stück etwa im Stil der Jesuitendramen mit einer Reihe satirischer Pointen auf die Bühne brachte.

Die Pointen will ich Ihnen gerne ersparen, aber eine kurze Stilprobe muß ich Ihnen doch um des Folgenden willen zumuten: ich entnehme sie dem Prolog, der in der Gestalt Amors auf die Bühne trat.

> Wer kennt mich nicht? Wer hat nie meine Macht gefuehlet?
> Soweit Okeanus die Erde rings umspuelet
> Gefuerchtet und geliebt, verwuenschet und erfleht
> In manchem grimmen Fluch, manch bruenstigem Gebet
> Bin dieses Mannes Not, bin jenes Weibes Glueck
> Herr von Geburt und Tod, den Goettern selbst Geschick:
> Auf meinen Wink laesst Zeus der Blitze Buendel fallen,
> Als Schwan, als Aar, als Stier sucht er mir zu gefallen,
> Mavortis starke Wehr zerspellt vor meinen Pfeilen
> Tatlos muss Herakles selbst bei Omphalen weilen.

Ich habe anderwärts geschrieben, daß die Form der sprachlichen Parodie vielleicht mehr theoretische Aufmerksamkeit verdient, als ihr in der Regel gewidmet wird, steht sie doch zwischen Kopie und Neuschöpfung, wie das ja für viele Fälschungen auch gilt. Ich hoffe, daß dieses Stiefkind der Stilforschung hier einen kurzen Exkurs rechtfertigt: was geht denn eigentlich vor? Man sagt in solchen Fällen, daß sich der Nachahmer oder Parodist in die Redeweise seines Vorbilds einfühlt, und das mag ja stimmen, nur sagt es eigentlich sehr wenig. Er muß es offenbar dazu bringen, daß ihm der Tonfall und die Wortwahl des betreffenden Autors selbst sozusagen zur zweiten Natur werden. Es genügt also nicht, daß er seinen Wortschatz plündert, er muß ihn von innen heraus verstehen und ergänzen können. Gerade Tonfall und Wortwahl können uns als die Aspekte der Sprache erscheinen, die weder im Wörterbuch noch in der Grammatik zu finden sind. Wir sind alle schon oft vor diese Tatsache gestellt worden, wenn wir etwa Übersetzungen in unsere Sprache zu beurteilen haben. Vom semantischen und syntaktischen Standpunkt aus scheint alles in Ordnung zu sein, und dennoch stimmt nichts ganz. Man empfindet, daß niemand in seiner Muttersprache so schreiben oder reden würde. Es widerspricht nicht dem Lehrbuch, aber dem Sprachgefühl, es ist unidiomatisch. Die Wörter stoßen sozusagen gegeneinander, sie gehen keinerlei natürliche Bindung ein und fügen sich nicht dem gewohnten Tonfall der Sprache.

Vielleicht kann man den Tonfall und die Satzmelodie, auf die das Ohr so empfindlich reagiert, auf visuellem Gebiet mit dem vergleichen, was wir in der Handschrift den Duktus nennen. Vor allem in der Kursivschrift werden ja die Buchstabenformen sozusagen in die natürlichen Bewegungen der schreibenden Hand eingeschliffen und so zu einem Ganzen verschmolzen, wobei die Gewohnheit und die Geschicklichkeit des Schreibers eben die nötigen Ligaturen zwischen den Zeichen ausnützt und, wo sie fehlen, schafft. Worauf es mir ankommt, ist, daß der Duktus die einzelnen Schriftformen umgestaltet, er kommt sozusagen vor den einzelnen Zeichen und steht mit ihnen in enger Wechselwirkung. Natürlich hat jede Schriftform, ob es nun Arabisch ist oder Lateinisch, ihren eigenen Duktus, aber innerhalb dieses erlernten Schemas modifiziert auch jeder Schreiber den Duktus seinem Charakter und seiner Gestik gemäß, in einer Weise, die den Graphologen interessiert.

Der Vergleich mit der gesprochenen Sprache drängt sich von selbst auf. Jede Sprache hat ihre charakteristische Melodie, das Italienische klingt sehr anders als das Tschechische, aber in jeder Sprache gibt es auch unzählig viele Mundarten, in denen die Worte verschiedentlich in die Sprachmelodie eingeschliffen und umgeschliffen werden, wobei Störendes einfach eliminiert wird. In den Schriftsprachen ist diese Herrschaft des Duktus, des Tonfalls, viel weniger leicht faßbar, obwohl der Germanist Sievers durch die Schallanalyse versucht hat, sich diesem Phänomen zu nähern. Er war, scheint's, imstande, fremde Einschaltungen in einem Text zu erkennen, weil sie eben vom Rhythmus und der Klangfolge des Originals abwichen. Aber hier wie überall gilt eine überraschende Beobachtung: Auch was wir mit Sicherheit erkennen zu können glauben, können wir deshalb noch lange nicht produzieren oder reproduzieren. Gerade davon handeln ja auch manche meiner kunsttheoretischen Arbeiten. Denn für das prüfende Auge gilt dasselbe wie für das prüfende Ohr. Schließlich erkennen wir alle Hunderte von Bekannten, ohne doch imstande zu sein, ihre Züge auswendig zu zeichnen oder auch nur genau zu beschreiben. Die Polizei weiß das und hat in den letzten Jahren ein Verfahren entwickelt, das man auf Englisch *photofit* nennt. Der Augenzeuge ist viel leichter imstande zu sagen, wie ein gesuchter Verbrecher nicht ausgesehen hat, als ihn zu beschreiben. So gibt man ihm schematische Köpfe zur Auswahl und bittet ihn, die falschen zu eliminieren, bis ein Schema übrigbleibt, das dem gesuchten Gesicht im wesentlichen entspricht. Vielleicht kommen wir auf diesem Umweg der gesuchten Fälscherkunst ein wenig näher. Auch dort spielt das Eliminieren störender Züge oder Töne entscheidend mit.

Die italienische Kunsttheorie unterscheidet zwischen positiven und negativen Verfahren des Bildens. Der Bildhauer schält die Gestalt aus dem Block heraus, indem er das überflüssige Material entfernt, bis es dem Modell zu gleichen beginnt. Der Parodist verfährt wohl ähnlich, wenn auch viel weniger bewußt. Spielt doch das Prinzip der Auswahl seit je in der Rhetorik eine entscheidende Rolle.

Auf der großen Orgel der Sprache gibt es viele Redeweisen, viele *genera dicendi,* die von der feierlichen oder gewichtigen Rede bis zur leichten und schlichten Ausdrucksweise reichen. Um je nach Thema und Hörerschaft die richtige Wortwahl zu finden, muß man sich mit dem

Prinzip vertraut machen, das die Griechen *to prepon,* die Römer *decorum* nannten. Ein jeder Verstoß gegen diese Konventionen bringt einen Mißton in die Rede. Der geübte Redner verfügt sozusagen über eine Reihe von auswechselbaren Filtern, die es ihm ermöglichen, jeweils den gewünschten Stil zu produzieren.

Lange bevor ich mich theoretisch mit diesen Fragen auseinandersetzte, erlebte ich ihre praktische Bedeutung in einer Form, die mein künftiges Schicksal recht entscheidend beeinflussen sollte. Als junger Student der Kunstgeschichte besuchte ich einmal Freunde in Nürnberg und hatte Spaß an einem etwa sechsjährigen Kind, das sich gern von mir Geschichten erzählen ließ. Ich arbeitete damals an meiner Doktorarbeit über den Palazzo del Tè Giulio Romanos, und so schrieb ich nach meiner Rückkehr der kleinen Hannah einen Brief, in dem ich ihr die Geschichte von dem Prinzen, der sich ein herrliches Schloß baute, in Märchenton erzählte. Es gefiel mir eben, den gewichtigen Stil meiner Doktorarbeit ins Kindertümliche zu transponieren, ohne dabei den Inhalt ganz aufzuopfern. Ich hätte diese Episode längst vergessen, wenn sie sich nicht als folgenreich erwiesen hätte. Ein Verleger trat nämlich an mich heran mit dem Auftrag, eine englische Weltgeschichte für Kinder ins Deutsche zu übertragen. Das Buch gefiel mir aber gar nicht, und so antwortete ich, ich würde lieber selbst ein solches Buch schreiben. „Gut", antwortete er, „schicken Sie mir ein Probekapitel." Soviel ich mich erinnere, wählte ich die Ritterzeit und schrieb in demselben Stil, in dem ich an das Kind geschrieben hatte. Der Versuch sagte ihm zu, nur wollte er, wie alle Verleger, das fertige Produkt schon in sechs Wochen haben. Das ist die Entstehungsgeschichte jener Weltgeschichte für Kinder, die im Jahre 1935 als mein erstes Buch erschien und vor drei Jahren mit einem etwas veränderten Titel und einem Ergänzungskapitel bei Dumont herauskam. Wer je hineingeschaut hat, wird wissen, daß es sich dabei auch um eine Stilübung handelt. Nämlich um den Versuch, selbst tragische Ereignisse und ernste Gedanken in kindertümlicher Sprache zu behandeln ohne sie zu verniedlichen. Der Versuch scheint halbwegs gelungen zu sein, denn es erschienen in kurzer Folge Übersetzungen in mehreren Sprachen – aber zu der Zeit, d. h. im Jahre 1936, war ich bereits in England und hatte Grund zu bereuen, daß ich das Englische nur so nebenher betrieben hatte.

Und doch waren vielleicht die Stilspielereien meiner früheren Jahre eine Vorschule zu dem entscheidenden Spracherlebnis meiner Laufbahn, der Auseinandersetzung mit der englischen Sprache. Wie viele waren in jenen Jahren gezwungen, ihre Heimat und ihre Muttersprache aufzugeben und sich im fremden Lande verständlich zu machen, so gut es eben ging! Freilich hatte mich ein gnädiges Schicksal davor bewahrt, als Hilfesucher in die Fremde zu gehen. Ich war eingeladen, am eben in England angekommenen Warburg-Institut den Nachlaß des Gründers zu bearbeiten, und auch meine Vorgesetzten und Kollegen waren vor die Aufgabe gestellt, ihre Forschungsrichtung und Argumente den englischen Fachgenossen klarzumachen. Nicht allen fiel das leicht. Es gab Neuankömmlinge, die sich nicht damit abfinden konnten, daß die englische Sprache die ihnen vertrauten Begriffe gar nicht kannte.

Ich will das schmerzliche Erlebnis, im fremden Land auf einmal ein Barbar, ein Stummer, wenn nicht gar ein Depp geworden zu sein, durchaus nicht bagatellisieren; das Wunder ist nur, daß für manche der Verlust der Muttersprache unter Umständen auch durch einen unerwarteten Gewinn aufgewogen werden konnte. Ich darf mich da auf meinen großen Fachgenossen Erwin Panofsky berufen, der in einer autobiographischen Skizze von diesem Erlebnis berichtete. „In unserer Philosophie", so schreibt er, „gibt es mehr Wörter, als man sich im Himmel und auf Erden erträumt, und jeder deutschausgebildete Kunsthistoriker, der sich auf Englisch verständlich machen sollte, mußte sich sein eigenes Wörterbuch anlegen. Dabei erkannte er, daß seine heimatliche Terminologie oftmals entweder unnötig schwer verständlich oder gründlich unpräzise war . . . Kurzum, wenn er Englisch schreibt und spricht, muß selbst ein Kunsthistoriker mehr oder weniger wissen, was er meint und meinen, was er sagt, und dieser Zwang war ausgesprochen heilsam für uns alle." (S. 387)

Historisch gesehen läßt sich dieser Kontrast zwischen den Sprachen nicht allzu schwer erklären. Die englische Sprache ist ja bekanntlich ein Amalgam zweier Sprachstämme, des Angelsächsischen und des Normannisch-Französischen, also germanischer und lateinischer Wurzeln. Die *genera dicendi,* die Stilformen im Englischen, teilen sich weitgehend zwischen feierlicher Rede, die oft mit lateinischen langen und abstrakten Ausdrücken gespickt ist, und der schlichten angelsächsischen Alltagssprache, die auch der wissenschaftlichen Darstellung dient. Es hat sich eine Art Stilregel herausgebildet, daß jeder, der gut und klar schreiben will, lieber von zwei Synonymen den angelsächsischen kurzen Ausdruck wählt als den lateinischen vielsilbigen, lieber eine konkrete als eine abstrakte Bezeichnung und lieber ein Verb als ein Hauptwort. Im Deutschen wählt der Akademiker oft umgekehrt.

Das freimütige Bekenntnis Panofskys zwingt zum Nachdenken. Bedeutet es doch nichts anderes, als daß die Schreib- und Redeweise eines Menschen eben nicht einfach, wie man so sagt, der Ausdruck seiner Persönlichkeit ist. Das Wort Persönlichkeit stammt von Persona, die Maske, und die Maske oder was ich in bezug auf die Sprache den Filter genannt habe, wirkt auch wieder auf die Persönlichkeit zurück. So gesehen ist der Ausspruch von Buffon „le style c'est l'homme même" eigentlich ganz falsch. Der Stil, die Sprechweise trägt auch dazu bei, dem Sprechenden und Schreibenden eine neue Rolle, ja eine neue Denkweise und Empfindungswelt zu suggerieren. Es ist das ein Vorgang, der sich vielleicht heute leichter beschreiben läßt, seit uns die Techniker den Begriff der Rückkoppelung, des feedback, zur Verfügung gestellt haben. Ich halte es für einen grundlegenden Irrtum, im Ausdruck immer nur das Symptom einer seelischen Lage zu sehen. Die gewählte Form kann und wird sich auch selbst seelisch auswirken. Ich habe in diesem Zusammenhang von einer zentrifugalen und einer zentripetalen Ausdruckstheorie geschrieben. Die letztere scheint mir besonders wichtig, wo es um künstlerisches Gestalten, das Schaffen neuer Gedanken und Geisteshaltungen geht. Denn was uns Panofsky nahegelegt hat, ist ja, daß eben die Sprache selbst auch für den Forscher schöpferisch sein kann. Man sagt so leichthin, daß jemand eine Sprache beherrscht, aber die Sprache beherrscht auch ihn. Der große englische Kritiker I. A. Richards, der mir in seinen letzten Lebensjahren seine Freundschaft schenkte, hat immer wieder betont, daß auch der Dichter seine Schöpfungen nicht bloß aus dem eigenen Erleben her gestaltet, sondern vor allem aus dem Instrument, das er zu handhaben gelernt hat. Freilich sprach Richards hier von der Muttersprache, und in meinem Falle war gewiß dafür gesorgt, daß die Bäume nicht in den Himmel wachsen. Um es gleich zu sagen, ich habe den Tonfall der englischen Sprache nie so gemeistert, wie das eben Shaws Eliza Doolittle gelang. Mein Englisch setzt sich immer noch aus den Phonemen zusammen, die ich in der Kinderstube erworben habe. Auch könnte ich es nie wagen, mit der englischen Sprache so zu spielen, wie ich das mit der deutschen versuchte. Ich könnte mich nie genügend in Donne, Dryden oder Wordsworth einlesen, um ihren Stil zu parodieren, ja ich muß mich fragen, ob ich auf ihre Dichtungen genauso anspreche, als wenn ich ein gebürtiger und gebildeter Engländer wäre. So werde ich es niemals wissen, was ich geworden wäre, wenn ich während der letzten 52 Jahre weiterhin von der deutschen Sprache beherrscht worden wäre. Aber wenigstens im Bereich meiner Arbeit lernte ich doch, mich der englischen Sprache anzuvertrauen und mich von ihr sozusagen tragen zu lassen.

Vielleicht war ich eben durch meine „Weltgeschichte für Kinder" darauf vorbereitet, auch schwierige Stoffe in schlichter Ausdrucksweise zu behandeln. Der unerwartete Erfolg dieses Buches in deutscher Sprache legte es nahe, daß ich nun auch eine Kunstgeschichte für diese Leser schreiben sollte und zwar natürlich auf Englisch. Mir schien das unmöglich, denn obwohl sich Kinder an Kunstwerken freuen können und sollen, geht die Kunstgeschichte ja höchstens die Erwachsenen an, die nach größeren Zusammenhängen Ausschau halten wollen. Obendrein fand ich, daß sich die englische Sprache gegen den Tonfall meines ersten Buches gesträubt hätte. Jene Spannung zwischen dem gewichtigen akademischen Stil und der bewußt schlichten Schreibweise konnte ja hier nicht zur Wirkung kommen, denn gerade die Schlichtheit ist das Normale.

Die Kunstgeschichte, die schließlich zustande kam, war daher kein Kinderbuch, sondern eine allgemeine Einführung, die gerade wegen ihrer bewußten Einfachheit auch zur Übersetzung in andere Sprachen anregte. Natürlich hat es mich gelockt, auch selbst dieses Buch wieder ins Deutsche zu übertragen, wobei ich bemerken mußte, daß sich meine Muttersprache diesem Versuch ein wenig widersetzte. Trotzdem hat er mich viel gelehrt, denn jede Schwierigkeit des Übersetzens zwingt uns ja doppelt zum

Nachdenken darüber, was wir gerne sagen wollen. Es stellte sich vor allem heraus, daß sich Bildbeschreibungen schwer wörtlich übersetzen lassen, denn jede Sprache bietet dem Beschreibenden andere Ausdrücke an, und so kommen auch bei demselben Bild andere Züge zur Geltung, wenn die Beschreibung nicht gezwungen wirken soll.

Ich habe mir erlaubt, hier ein wenig vorzugreifen, denn ich wäre vielleicht nicht so weit gekommen, wenn mir nicht mein intensivstes Spracherlebnis zu Hilfe gekommen wäre.

Ich war während des Krieges von 1939–1945, also sechs lange Jahre lang, beim monitoring-service, dem Abhördienst des BBC, angestellt, wo es meine Aufgabe war, über die Sendungen, vor allem des Deutschen Rundfunks, zu berichten, sie zu übersetzen oder die Übersetzungen anderer zu überprüfen. Wer sich mindestens acht Stunden am Tage jahraus, jahrein damit abgeben muß, Texte aus seiner Muttersprache in die Sprache seiner Wahlheimat zu übertragen, muß sich auch über das Wesen der Sprache Gedanken machen. Dabei kam uns zu Hilfe, daß wir unsere Übersetzungen in der Regel einer englischen Schreibkraft in die Maschine diktierten, und diese gebildeten jungen Damen waren wunderbare Lehrerinnen, ohne sich dabei aufzuspielen. Sie zögerten einfach hie und da und sagten „You can't say that in English“, und so lernten wir, gewisse angestammte Fehler zu vermeiden. Dabei waren wir sogar übertrieben ehrgeizig. Schließlich waren die meisten von uns so wie auch ich Akademiker und machten sich Gedanken über die beste Art und Weise, den englischen Behörden und Rundfunksprechern nicht nur eine Vorstellung vom Inhalt der deutschen Sendungen zu geben, sondern auch vom Ton der Goebbelsschen Propagandamaschine. Es gab da endlose Debatten über die Frage, ob es nicht fast einer Verfälschung gleichkäme, wenn man etwa eine Rede Hitlers in ein Englisch übersetzte, das sich wie ein Leitartikel in der „Times“ las. Daß der Versuch, es anders zu machen, jeweils an allen Ecken und Enden auf Schwierigkeiten stieß, war uns klar, aber gerade diese Schwierigkeiten waren riesig lehrreich.

Noch lehrreicher waren aber die unerwarteten Hindernisse, die sich der Übersetzung von Tatsachenberichten entgegenstellten. Die technischen Details können hier unmöglich interessieren. Aber wir erfuhren eben ganz konkret, was den Sprachforschern und Sprachphilosophen längst eine Selbstverständlichkeit war: daß nämlich jede Sprache die Welt anders ausgliedert und daß es darum oft keine genaue Entsprechung zwischen Begriffen geben kann; das gilt selbst für das nüchterne Gebiet des Kriegswesens, mit dem wir uns ja leider besonders befassen mußten. Wenn der Wehrmachtsbericht etwa von Panzern und Schnellbooten sprach, wollten unsere Abnehmer wissen, ob das tanks oder armoured cars, motor torpedo-boats oder motor gun-boats waren. Die deutsche Fachsprache hat hier eben Überbegriffe, die sich im Englischen nicht zwanglos wiedergeben lassen. Aufschlußreicher war es mir noch, wenn wir mit Rangbezeichnungen zu tun hatten. Die englische Armee kennt zwar den Oberst, Colonel und den General, aber nicht den Generaloberst, und es gab da recht unfruchtbare Diskussionen, ob es erlaubt sei, diese Charge als Colonel General zu übersetzen. Aber merkwürdigerweise gab es diese lästigen Schwierigkeiten nicht, wenn von der Luftwaffe die Rede war. Jede Charge hatte ihr Äquivalent in der Royal Air Force, und der Grund ist nicht uninteressant: die deutsche Luftwaffe war nämlich nach dem Muster der englischen aufgebaut, und so entsprachen sich die Titel, weil sich die Struktur entsprach.

Mir schien damals und mir scheint noch heute, daß diese bescheidene Zufallsbeobachtung sich verallgemeinern ließe. Was jeweils übersetzbar ist, beruht auf der Äquivalenz. Personennamen sind sich in jeder Sprache gleich, denn niemand hat einen echten Doppelgänger anderswo. Auch die Naturwissenschaften sorgen dafür, daß sich die Bezeichnungen auf ihren Gebieten unzweideutig wiedergeben lassen, ob es nun chemische Elemente sind oder die Namen jener Sterne, die unser Kinderfräulein so intrigierten. Aber im gesellschaftlichen Leben liegen die Dinge sehr anders, denn hier handelt es sich oft um Institutionen, die jeweils einzigartig sind. Der Titel Mandarin oder Volkstribun läßt sich zwar übernehmen, aber nicht übersetzen, und was in Amerika ein Professor ist, ist hier vielleicht ein Privatdozent. An sich ist das trivial, nur stellt sich heraus, daß die Ausgliederung sich in vielen Sprachen weiter erstreckt, als wir es vielfach bemerken, ja daß es die Sprache ist, die uns jeweils die Strukturierung nahelegt. Ich sage nahelegt, nicht zwingt. Es gibt Sprachforscher, die sosehr an die Einheit von Sprache und Denken glauben, daß es ihnen unmöglich scheint, die Welt nicht durch den Filter der Sprache zu sehen. Ich glaube, um mit Popper zu sprechen, daß sie hier eine Schwierigkeit mit einer Unmöglichkeit verwechseln. Für die kleine Nichte unserer Lisi war es noch unbegreiflich, daß jemand statt zwanzig vingt sagen könnte. Was hätte sie dazu gesagt, daß die Franzosen statt neunzig quatre vingt dix sagen? Und doch hat man mit Recht betont, daß die umständliche Aufgliederung der Zahlenreihe die Franzosen nicht behindert hat, bedeutende Mathematiker hervorzubringen.

Gewiß besteht eine Tendenz in unserem Geist, die Kategorien der Sprache für die der Welt zu halten. Gerade da, wo uns die Begriffe, die uns die Sprache liefert, von Kind auf selbstverständlich sind, sind sie aber oft am fragwürdigsten. Jedes Kind weiß, daß es eben Essen und Trinken, Speise und Getränke gibt und zerbricht sich nicht den Kopf darüber, zu welcher Kategorie die Suppe jeweils gehört. Wenn man keinen Löffel hat, trinkt man sie eben aus der Schale. So wie sich das Kind zu helfen weiß, so müssen auch wir uns zu helfen wissen. Das Englische hat kein Wort für Dichten und das Deutsche keines für *fiction*. Kunst ist nicht genau dasselbe wie englisch *art* und Wissenschaft nicht dasselbe wie *science*. Je länger man mit und zwischen Sprachen lebt, desto mehr wächst die Überzeugung, daß die wirklichen Entsprechungen die Ausnahmen sind und nicht die Regel und das sogar zwischen Sprachen, die sich so nahestehen wie das Deutsche und das Englische.

Das gerade ist vielleicht die Summe meiner Spracherlebnisse. Sie haben mir zwar Respekt vor der schweren Aufgabe des Übersetzens eingeflößt, aber mich gleichzeitig auch allen Übersetzungen gegenüber skeptisch gestimmt. Dabei haben sie mir die Freude an der Vielfalt der Sprache durchaus nicht verleidet. Im Gegenteil, ich freue mich immer wieder an dem Schauspiel, wenn irgendein neuer Aspekt der Wirklichkeit im Lichte einer anderen Ausdrucksweise aus dem Dunkel tritt und aufleuchtet. Solche Erlebnisse zeigen uns, daß wir eben keine hilflosen Gefangenen der Sprache sind. Unsere Ehrfurcht vor der Sprache soll uns nicht davon abhalten, sie in Frage zu stellen und an ihrem Wortschatz vorbei von der Muttersprache, so wie Faust zu den Müttern abzusteigen, jenem noch ungeformten Bereich, der sich in verschiedenen Sprachen so verschieden manifestiert.

Wittgensteins Tractatus klingt bekanntlich in den Worten aus: „Wovon man nicht sprechen kann, darüber muß man schweigen.“ Ist es vermessen zu fragen, ob man nicht manches Mal versuchen darf, das, wovon man in einer Sprache nicht sprechen kann, in einer anderen zu sagen oder wenigstens anders darüber zu schweigen?

Textnachweis

„Sind eben alles Menschen gewesen." Zum Kulturrelativismus in den Geisteswissenschaften.

In: A. Schöne (Hrsg.), Kontroversen, alte und neue. Akten des VII. Kongresses der internationalen Vereinigung für germanische Sprach- u. Literaturwissenschaft 1985. Bd. I. Max Niemeyer Verlag, Tübingen 1986, S. 17–28.

„Lessing." Vortrag der Serie „Lecture on a Master Mind", Henriette Hertz Trust der British Academy, 1957.

Veröffentlicht in: Proceedings of the British Academy, Bd. XLV, London, Oxford University Press 1957, S. 133–156.

Goethe und die Kunstgeschichte. Der Beitrag Johann Heinrich Meyers.

Veröffentlicht als: „Goethe and the History of Art. The contribution of Johann Heinrich Meyer", in: Publications of the English Goethe Society, N. S., vol. LX, 1990/91.

Goethe und die Kunstsammlung der Brüder Boisserée: Gewinn und Verlust in der Emanzipation von der byzantinischen Überlieferung.

Veröffentlicht als: „The Values of the Byzantine Tradition. A Documentary History of Goethes Response to the Boisserée Collection", in: The Documented Image. Vision in Art History, hrsg. v. Gabriel P. Weisberg, Laurinda S. Dixon unter Mitarbeit von Antje Bultmann Lemke, Syracuse University Press 1987, S. 291–308.

Das Symbol des Schleiers. Psychologische Betrachtungen zu Schillers Dichtung.

Vortrag der Serie „Chichele Lectures", All Souls College, Oxford, 1984. Veröffentlicht als: „The Symbol of the Veil: Psychological Reflections on Schiller's Poetry", in: Freud & the Humanities, hrsg. von Peregrine Horden, London und New York 1985, S. 75–109.

Eine Grillparzer Anekdote.

„A Grillparzer Anecdote", veröffentlicht in: „German Life & Letters", A Quarterly Review, Sondernummer für Edna Purdie, Basil Blackwell, Oxford, New Series, Vol. XVI, April & July 1963, No. 3–4, S. 209–211.

Das Spiel mit den Dominosteinen. Überlegungen eines Kunsthistorikers

Neue Zürcher Zeitung, 24. Juni 1983, S. 36.

Spracherlebnisse.

Festrede aus Anlaß der Entgegennahme des ersten österreichischen Wittgenstein-Preises, Wien 1988; gedruckt in: Die Presse, 14./15. Mai 1988.

Literatur in der Geschichte
Geschichte in der Literatur

Herausgegeben von Klaus Amann und
Friedbert Aspetsberger in Verbindung mit Claudio Magris

Band 17
Hubert Lengauer
Ästhetik und liberale Opposition
Zur Rollenproblematik des Schriftstellers in der österreichischen Literatur um 1848. 1989. 258 S. Brosch. ISBN 3-205-05210-2

Band 18
Johann Sonnleitner
Die Geschäfte des Herrn Robert Hohlbaum
Die Schriftstellerkarriere eines Österreichers in der Zwischenkriegszeit und im Dritten Reich. 1989. 316 S. Brosch. ISBN 3-205-05206-4

Band 19
Klaus Amann / Helmut Grote
Die „Wiener Bibliothek" Hermann Brochs
Kommentiertes Verzeichnis des rekonstruierten Bestandes.
1990. 290 S. Geb. ISBN 3-205-05321-4

Band 20
Roland Innerhofer
Kulturgeschichte zwischen den beiden Weltkriegen:
Egon Friedell.
Mit einem Beitrag von Johann Hinterhofer.
1991. 177 S. Brosch. ISBN 3-205-05362-1

Band 21
Stephanie Heckner
Die Tropen als Tropus
Zur Dichtungstheorie Robert Müllers.
1991. 203 S. Brosch. ISBN 3-205-05353-2

BÖHLAU